Harald Martenstein

Vom Leben gezeichnet

Tagebuch eines Endverbrauchers

 PENGUIN VERLAG

MIX
Papier aus verantwor-
tungsvollen Quellen
FSC® C014496
FSC
www.fsc.org

Verlagsgruppe Random House FSC® N001967

PENGUIN VERLAG

PENGUIN und das Penguin Logo sind Markenzeichen
von Penguin Books Limited und werden
hier unter Lizenz benutzt.

Die Erstausgabe erschien 2004
im Verlag Hoffmann und Campe, Hamburg

Aktualisierte Ausgabe 2017
Copyright © 2017 by Penguin Verlag, München,
in der Verlagsgruppe Random House,
Neumarkter Straße 28, 81673 München
Schutzumschlag: anyway Grafik Partner, Hamburg
Umschlagfoto: © C. Bertelsmann
Satz: Uhl + Massopust, Aalen
Druck und Bindung: GGP Media GmbH, Pößneck
Printed in Germany
ISBN 978-3-328-10109-3

 Dieses Buch ist auch als E-Book erhältlich.

Inhalt

Übers Kolumnenschreiben

Als ich 15, 16 Jahre alt war, fing ich an, regelmäßig »Konkret« zu lesen, ein in unseren Kreisen ziemlich populäres, linkes politisches Magazin. Ich weiß nicht mehr genau, ab wann in »Konkret« die Kolumne von Hermann Gremliza erschien. Sie hieß »ExPress«, stand auf der vorletzten Seite und machte sich im Stil von Karl Kraus über die deutschen Zeitungen lustig. Es gibt »ExPress« heute noch, wahrscheinlich ist es die älteste Kolumne Deutschlands.

Einige Jahre lang habe ich »Konkret« nur wegen Gremliza gekauft. Heute klingt mir Gremliza zu unerbittlich, zu unselbstironisch. Heute bin ich altersmilde. Gremlizas Lieblingsfeind war Theo Sommer, der damalige Chefredakteur der »Zeit«. Die uferlos mäandernden, häufig im Nirwana versickernden Schachtelsätze Sommers hatten es Gremliza auf eine seine Kreativität stark anregende Weise angetan, er konnte das wunderbar parodieren. Nur wegen Gremliza habe ich meine erste »Zeit« gekauft. Ich wollte diesen Freak Theo Sommer endlich auch mal im Original lesen.

Halbwegs regelmäßiger »Zeit«-Kunde wurde ich, viel später, auch wieder wegen einer Kolumne, wegen »Pooh's Corner« von Harry Rowohlt. Diese Kolumne ist natürlich das Beste, was im Kolumnengenre deutscher Zunge jemals geleistet wurde, eine Aussage, die nicht originell ist, ich weiß. Harry Rowohlt hat die Kolumne vom Terror der Sinnhaftigkeit und der linearen Erzählstruktur befreit, er hat ein paar Elemente des modernen literarischen Erzählens in die Zeitung gebracht. Seine Kolumne erschien nicht regelmäßig. Sie erschien offenbar nur dann, wenn Harry Rowohlt Lust dazu hatte. Es war immer wieder eine schmerzhafte Erfahrung, die »Zeit« umsonst gekauft zu haben, ohne Harry Rowohlt darin.

Das dritte Mitglied in der heiligen Dreifaltigkeit des deutschen Kolumnenwesens heißt natürlich Max Goldt.

Inzwischen gibt es sehr viele Kolumnen. Aber bisher ist, so weit ich weiß, relativ wenig übers Kolumnenschreiben geschrieben worden. Das Schlüsselwort beim Kolumnenschreiben heißt: ich. Als ich anfing, Artikel zu schreiben, war dieses Wort in den deutschen Zeitungen verpönt. Inzwischen können die Zeitungen gar nicht genug »ich« kriegen. Über die Ursachen oder auch Nachteile dieser Entwicklung zum Subjektivismus könnte man einiges sagen, wozu ich aber momentan nicht aufgelegt bin.

Das »ich« einer Kolumne ist in den meisten Fällen so fiktiv wie das »ich« einer erfundenen literarischen Figur. Nehmen Sie mich: Um einen Ton für die Kolumne zu finden, aus der dieses Buch wurde, habe ich mir einen Mann ausgedacht. Dieser Mann ist mir ähnlich, deswegen kann ich ihn ohne viel Mühe spielen, aber ich bin es eben nicht ganz. Er ist älter, hypochondrischer, übellauniger, besserwisserischer und mental erregbarer, als ich es hoffentlich bin. Ich wollte ihn nicht zu sympathisch wirken lassen. Rundum sympathische Leute sind fast immer ein bisschen langweilig. Ich dachte: Für die Rolle des zornigen jungen Mannes bist du zu alt, dann gehst du eben in die Richtung ›zorniger alter Mann‹.

Ich schreibe immer über reale Ereignisse, die Kolumnen sind nie erfunden, aber sie sind auch fast immer zugespitzt und ausgeschmückt, das heißt: sie sind auch nie ganz wahr. Es ist eine literarische Arbeit, die sich von der Literatur im engeren Sinn dadurch unterscheidet, dass der Kolumnist regelmäßig und pünktlich zu liefern hat, egal, ob er mit seinem Text zufrieden ist oder nicht. Kolumnen werden nicht maschinell hergestellt, es sind Naturprodukte wie Gemüse oder Wein, deswegen ist ein gewisser Qualitätsunterschied zwischen den einzelnen Stücken und den Jahrgängen unvermeidlich. Man muss liefern, und man liefert, aber man weiß manchmal genau, es ist nicht optimal. Ich habe inzwischen verstanden, warum Harry Rowohlt nicht jede Woche geliefert hat.

Die Kolumne war die Idee von Moritz Müller-Wirth, dem Ressortleiter »Leben« bei der »Zeit«. Wer immer sich über die Kolumne freut oder ihre Existenz begrüßt, der möge eine Kerze für Moritz Müller-Wirth entzünden.

Ich selber hätte nie gewagt, an dergleichen auch nur zu denken. In demselben Organ zu publizieren wie einst der große Rowohlt, das kommt mir auch heute noch gelegentlich so vor, als würde ich mit einer Badehose bekleidet in den Petersdom spazieren.

Es läuft so: Anfang der Woche möchte die Redaktion meistens wissen, über welches Thema ich schreibe. Ursprünglich sollte die Kolumne eine »Verbraucherkolumne« sein, das heißt, jeder Text sollte von irgendeiner Ware oder einem Konsumgegenstand handeln, aber das sieht die Redaktion zum Glück nicht mehr so eng. Die Themenwahl ist im Prinzip frei. Am liebsten habe ich es, wenn ich mich ohne den geringsten Vorsatz und ohne die Spur einer Idee vor den Computer setzen darf und einfach abwarte, was mir einfällt. Beim Ausführen der Idee bin ich dann weniger der genialische Dahinschleuderer, eher der perfektionistische Tüftler. Wenn eine Satzmelodie nicht stimmt, kann mich das so verrückt machen wie ein tropfender Wasserhahn. Für dieses Buch habe ich alle Texte noch einmal überarbeitet, aber ich weiß, es ist immer noch nicht optimal.

Eine Kollegin, die bei »Geo« arbeitete, Gabriele Riedle, hat mir einmal gesagt, ein guter Text müsse wie Musik sein. Ja, genau. Ohne Melodie und Rhythmus geht es nicht. Mein Vater war ein begabter Musiker, ich dagegen habe mich als Kind erfolgreich geweigert, ein Instrument zu lernen. Ich lebe meine Musikalität beim Schreiben aus. Einmal habe ich einem »Zeit«-Redakteur erzählt, dass ich ziemlich oft bestimmte Wörter nur deswegen hinschreibe, weil sie an dieser Stelle gut klingen und dem Text den richtigen Sound geben. Er hat mir zu verstehen gegeben, dass er mich für einen Spinner hält.

Manchmal verlangt die Redaktion ein bestimmtes Thema, weil ein Themenheft geplant wird und alles aus einem Guss sein soll. Das mache ich dann. Zu einem vorgegebenen Thema eine Kolumne zu schreiben ist schwieriger, aber mit den dabei entstandenen Texten bin ich zu meiner eigenen Überraschung nicht immer unzufrieden.

Die Texte werden selten verändert und wenn, dann meistens zu ihrem Vorteil. Ich habe überhaupt noch nie mit einer so kompetenten und liebenswürdigen Redaktion zusammengearbeitet wie dem Ressort »Leben« der »Zeit«, und das ist jetzt keine Anschleimerei. Probleme gibt es hin und wieder, wenn ich mich in den Bereich des Politischen wage, das haben sie nicht so gerne. Dabei finde ich Politik doch so interessant.

Ein paar Kolumnen sind in der ersten Zeit abgelehnt worden. Ich erinnere mich an drei Fälle. Einmal ging es um Schröders angebliche Affäre mit einer Journalistin, da befürchtete man Ärger mit Schröders Anwälten. Einmal ging es um Sittenstrolche, da meinte die Redaktion, dass ich das Thema verharmlose. Der dritte Fall waren die jüdischen Wurzeln, auf die praktisch jeder Deutsche sich beruft. Der Schrödertext ist zu tagesaktuell gewesen, um in dieses Buch zu passen, die beiden anderen sind hier zum ersten Mal abgedruckt, und jeder kann sich selber ein Bild machen. (»Über Telefonieren«, »Über deutsche Geschichte«)

Ich habe lange als Redakteur gearbeitet und weiß, wie nervtötend eitle, hysterische oder größenwahnsinnige Autoren sein können. Deswegen versuche ich nach Kräften, pflegeleicht und einsichtig zu sein. Einmal habe ich mich geärgert, weil mir der Redakteur das Wort »Pessar« aus dem Text herausgestrichen hat. Begründung: Die jüngeren »Zeit«-Leser wüssten nicht, was ein Pessar ist. Stattdessen hat er das Wort »Kondom« hineingesetzt, das an dieser Stelle gar nicht gut geklungen hat und falsche Assoziationsfelder aufriss. Das war schlimm für mich. Zur Strafe habe ich ihm zwei Wochen später eine Kolumne geliefert, die das Wort »Ophtalmoskop« enthielt.

Regelmäßig lese ich etwa acht Kolumnen, die ich alle mag, aber hier nicht nenne, weil ich es mir nicht mit den achtzig anderen deutschen Kolumnisten verderben will. Unsympathisch finde ich Kolumnen, deren Autoren sich als große Durchblicker, Alleswisser und Super-Rechthaber präsentieren. Ich habe im Prinzip nichts dagegen, andere Personen zu beschimpfen oder zu beleidigen, vor allem dann, wenn diese Personen reich sind, mächtig oder enge Freunde des Chefredakteurs. Für das Recht, dergleichen zu tun, wurde unter anderem die Große Französische Revolution veranstaltet. Wenn mir ein Autor aber zu verstehen gibt, dass ihm das Gefühl des Selbstzweifels oder die Einsicht, sich irren zu können, fremd sind, dann bin ich sein Freund nicht.

Kolumnen können monoton werden, das ist vermutlich die größte Gefahr. Einerseits möchte man als Leser einen bestimmten Tonfall haben, andererseits schätzen wir alle die Abwechslung. Kolumnen, die in Überschrift und Aufmachung von vornherein mit dem Anspruch auftreten, witzig zu sein, mag ich überhaupt nicht. Lachzwang ist auch ein Faschismus. Ich bin in Mainz geboren, wissen Sie. Kolumnen müssen eine gewisse Unberechenbarkeit haben, was die Tonlage und den Humorfaktor betrifft, und man darf ruhig merken, wenn der Autor mal nicht so gut drauf ist. So jedenfalls geht es mir als Leser. Fotos oder Karikaturen des Autors sind kontraproduktiv. Wenn ich Kolumnen lese, identifiziere ich mich. Ich schlüpfe probeweise in eine andere Haut. Dabei stört es mich, wenn ich weiß, dass der Autor völlig anders aussieht als ich oder einer anderen Altersgruppe angehört. Das Foto bringt mir die Kolumne nicht näher, sondern rückt sie weg von mir. Aus dem gleichen Grund mag ich auch keine Bücher mit Autorenfotos. Sollte sich der Verlag eines Tages in meinem Besitz befinden, dann werden dort als erstes die Autorenfotos abgeschafft.

Eine Ausnahme ist das Foto von Franz Josef Wagner in »Bild«. So exzentrisch, wie dieses Gesicht ist, kann wahrscheinlich kein Mensch formulieren. Trotzdem gestehe ich: Im Laufe der Zeit bin ich, zuerst widerwillig, dann immer williger, auch ein Fan von Wagner geworden. Wagner treibt mit wenigen Paddelschlägen den Boulevardstil über seine Grenzen hinaus, er führt sein Kanu tief hinein ins Meer des Wahnsinns.

Kolumnen, die um das Privatleben und den Alltag kreisen, gibt es in Deutschland reichlich. Politische Kolumnen sind bei uns, im Gegensatz zu anderen Ländern, erst relativ spät eingeführt worden. Sie liegen meistens in den Händen ausgewiesener Spezialisten. Die verteidigen ihr Revier und ihre Deutungshoheit. Dabei ist Politik sehr komisch. Jeder weiß das. Die Kabarettisten und die Comedians im Fernsehen führen es ja vor. In den Zeitungen aber regiert die Ernsthaftigkeit mit eiserner Knute. Die meisten politischen Kommentatoren tun so, als würden die Politiker ihre Ratschläge am nächsten Morgen eins zu eins umsetzen. Da kommt es natürlich auf jedes Wort an. Selten sind leider immer noch politische Kolumnen mit Entertainment, mit Distanz zum Politikbetrieb und mit einer Prise Wahnsinn darin.

Rowohlt, Goldt und, mit ein paar Abstrichen, Wagner, vor diesen dreien muss jeder, der in Deutschland Kolumnen schreibt, sich demütig in den Staub werfen. Was hiermit geschieht.

Über Alkohol

Neuerdings treten hin und wieder in Fernseh-Talkshows betrunkene Politiker oder sonstige betrunkene Prominente auf. Dazu weiß ich eine wahre Geschichte.

Seit einiger Zeit sind wir mit einem so genannten Prominenten befreundet. Man darf sagen, der Prominente geht in unserem Hause ein und aus. Er streckt seine Prominentenbeine unter unseren Tisch, gibt Prominentenworte von sich und beißt mit seinen Prominentenzähnen in unser Speisenangebot hinein. Er hat gute und schlechte Eigenschaften. Zum Beispiel ist er eitel. Er erzählt einem gerne, wie großartig er ist und was er alles Einmaliges erlebt hat. Aber wenn man mit der flachen Hand kurz und scharf auf den Tisch haut und mit halblauter Stimme »Schluss! Aus!« ruft, wechselt er beschämt das Thema und ist wieder der netteste Mensch von der Welt.

Nun sollte der Prominente, wie schon häufiger geschehen, in einer Jury mitmachen. Diesmal war es ein Connaisseur-Preis der Rotwein- oder Cognac- oder Wermutindustrie. Sagen wir mal: Cognac. »Das wird peinlich. Ich verstehe gar nichts von Cognac«, sagte der Prominente. »Dann mache in der Connaisseur-Jury halt nicht mit«, sagte ich. »Man kann nicht einfach alles ablehnen«, antwortete der Prominente ernst. »Wir Prominenten haben eine gesellschaftliche Verantwortung. Es gibt viel zu wenige von uns, jeder muss anpacken.«

Zur Zeit unserer Großeltern haben die Friseure Haare geschnitten, die Sportreporter haben über Sport geredet, die Schriftsteller haben Bücher geschrieben, die Köche haben gekocht, und so weiter. Heute müssen das alles die Prominenten tun. Ich habe keine Ahnung, wie sie mit diesem Druck fertig werden. Ich könnte es nicht.

In unserem Bekanntenkreis befindet sich auch ein Trinker. Trinker gibt es in etwas größerer Zahl als Prominente, die Öffentlichkeit erwartet deshalb nicht ganz so viel von jedem Einzelnen. Der gesellschaftliche Druck auf sie ist nicht ganz so groß. Trinker schieben insgesamt eine ruhigere Kugel.

Unnötig zu sagen, dass der Trinker sich im Reiche des Cognacs relativ gut auskennt. Er fragte, ob unser Prominenter die Marken, um die es in der Jurysitzung geht, vorher erfährt. Die Antwort hieß ja. Der Trinker erklärte sich bereit, sämtliche Marken ausgiebig zu testen und zu jeder einzelnen ein intelligent begründetes, kulturwissenschaftlich und ernährungshistorisch fundiertes Urteil abzugeben. Dies koste allerdings ein Honorar.

Wir kennen jetzt also den ersten deutschen Ghost-

Drinker. Diese Geschichte erzählte ich ein paar Leuten, die Artikel schreiben. Sie riefen: »Ghost-Drinker,
wie Ghost-Writer, irre, darüber muss man mal im Ver-
mischten was machen« und so weiter. Aber der Trinker wollte nicht. Er sagte Folgendes: »Wenn ich in die
Medien komme, werde ich ja selber prominent. Im End-
effekt könnte das dazu führen, dass ich, der Ghost-Drinker, für mich selber einen Ghost-Ghost-Drinker beschäftigen müsste, und dieser, weil sein Beruf noch bizarrer,
das heißt, für die Medien noch attraktiver ist als meiner,
müsste dann einen Ghost-Ghost-Ghost-Drinker anheu-
ern. Das ist alles widernatürlich. Das führt über kurz oder
lang in den Weltuntergang, ins Armageddon. Außerdem
käme ich vor lauter Medienverpflichtungen nicht mehr
zum Trinken.«

Deswegen ist der Beruf des Ghost-Drinkers bis heute
nur einem ganz kleinen Personenkreis bekannt. Die meisten Prominenten sind gezwungen, selber zu trinken.

Über Altersversorgung

Sie haben uns gesagt, wir sollen jedes Jahr mindestens ein Mal zum Zahnarzt gehen.

Der Zahnarzt trägt die Besuche mit dem Stift in so ein kleines Heftchen ein. Später, wenn die Zähne dann ausfallen, geht man mit dem Heftchen zum Staat und kriegt auf das künstliche Gebiss Rabatt. Ich gehe deswegen seit Mitte der 90er jedes Jahr zum Zahnarzt, das kostet mich und die deutsche Volkswirtschaft auf völlig sinnlose Weise einen halben Tag. Meine Zähne sind nämlich top. Da ist nie was dran. Keiner meiner Eltern hatte ein künstliches Gebiss, niemals. Wir haben seit Jahrhunderten alle Superzähne. Wir putzen natürlich auch fleißig. Aber ich dachte, ich will auf jeden Fall diesen Rabatt haben. Vielleicht schreibe ich mal etwas, das jemanden verärgert, und derjenige schlägt mir im Affekt alle Zähne aus.

Jetzt sagen sie uns, dass wir unsere neuen Zähne auf jeden Fall hundertprozentig selber bezahlen müssen. Das kleine Rabattheftchen, das ich jahrelang auf staatliche Weisung geführt habe, war für die Katz. Und wenn ich zum Zahnarzt gehe, zahle ich in Zukunft zehn Euro. Mit anderen Worten: Bis gestern sollte ich unbedingt hingehen zum Zahnarzt. Dafür gab es Geld in Form von Rabatt. Jetzt soll ich, wenn ich Geld sparen will, zu Hause bleiben.

Sie haben uns gesagt: Wir sollen für das Alter vorsorgen.

Ich habe Aktien gekauft. Deutsche Bank. Man nennt dies eine konservative Anlagestrategie. Und einen angeblich hochsoliden Fonds. Das investierte Geld ist inzwischen zu wesentlichen Teilen verschwunden. Die Aktien sind gesunken. Wenn ich mein Geld auf exzessive, zweideutige und geschmacklose Weise mit Marion und Desirée im »Grünen Kakadu« verjubelt hätte, blieben mir für mein Alter wenigstens einige angenehme Erinnerungen. Das wäre immerhin eine Art psychologische Altersvorsorge gewesen. Die einzige Aktie, die es gebracht hat, war ein Tipp aus der Zeitschrift »Der Spekulant«. Es ist eine amerikanische Firma, die sich auf den Bau von Terroristengefängnissen spezialisiert hat. Aus blödem Sicherheitsdenken habe ich zu wenig in diese Terroristengeschichte investiert. Ich habe dem verlogenen Staat mehr geglaubt als der grundsoliden Zeitschrift »Der Spekulant«.

Dann habe ich noch eine Lebensversicherung. Jeden Tag lese ich in der Zeitung Horrornachrichten über die Lebensversicherungen. Entweder gehen sie Pleite, oder sie werden brutal versteuert, oder sie werfen keine Rendite ab. Ich hätte Gold kaufen sollen. Sachwerte. In »Der

Spekulant« haben sie zu Silber geraten. Oder ich lasse mich lasern. Ich bin Brillenträger. Brillen werden auch nicht mehr bezahlt. Meine Augen ändern dauernd die Stärke. Bei manchen lassen die Zähne nach, oder der Geist, bei mir vorerst nur die Augen. Wenn ich mich an den Bindehäuten lasern lasse, muss ich nie mehr für eine Brille zahlen. Es wäre eine sinnvolle Altersvorsorge. Aber hat man von diesem verkommenen Staat jemals den Rat gehört: »Ältere Brillenträger! Lasst euch lasern!«?

Ich werde schreiben müssen, bis ich tot umfalle. Vielleicht erlischt nach und nach mein Geist. Vielleicht sehe ich eines Tages die Buchstaben nicht mehr. Dann schreibe ich mit den Zähnen weiter.

Über Ärzte

Die meisten Menschen werden im Laufe des Lebens, politisch gesehen, konservativer oder auch rechter. Im Diskursbetrieb sagt man von früh bis spät »Altlinke« oder »Jungrechte«, die Worte »Junglinke« oder »Altrechte« dagegen hört man so gut wie nie. Weil das als Selbstverständlichkeit gilt. Jung ist eher links. Alt ist eher rechts. Mit anderen Worten, Rechte müssen öfter zum Arzt und haben die kürzere Lebenserwartung. Dies ist im Moment eines der überzeugendsten politischen Argumente der deutschen Sozialdemokratie.

Fast jeder Mensch fragt sich manchmal: Was würdest du als Erstes an Deutschland ändern, wenn du die absolute Macht hättest? Ich würde mit den Ärzten anfangen. Ich hatte nämlich so ein Gewächs in der Achselhöhle, das wollte ich wegmachen lassen. Ein ganz übles Gewächs war das. Ersparen Sie mir die Details. Also rief ich beim Hautarzt an. Die Hautarztassistentin sagte: »Um neun.« Um neun öffnet die Praxis. Ich kam um 8 Uhr 59. Im Wartezimmer saßen bereits fünf Patienten mit den verschiedensten Gewächsen. Alle für neun Uhr bestellt!

Die deutschen Ärzte stapeln in ihren Wartezimmern das Patientengut, auf Vorrat, damit immer was da ist, wenn der kleine Hunger kommt. Ich mache das im Kühlschrank mit dem Joghurt, die Ärzte machen es mit mir.

Zum Beispiel steht auf den Hautarztterminzetteln die einen exakten Terminplan vorgaukelnde Zeit »15 Uhr 25«. Dann ist man pünktlich da und wartet eine Stunde plus x. Das ist immer so. Und nur bei den Ärzten. Die vom Pizzadienst und die von der Autowerkstatt sind halbwegs pünktlich, die Installateure sagen sowieso nie was Genaues, sondern »vormittags«, sie sind also wenigstens ehrlich, die Busse fahren in etwa pünktlich, Karstadt macht pünktlich auf und zu. Nur die Ärzte schaffen es nicht. Ich weiß, was die Ärzte jetzt sagen. Sie sagen: »Wir nehmen uns eben unbegrenzt Zeit für jeden Patienten. Wir sind Humanisten und Philanthropen. Beim Humanismus weißt du vorher nie, wie lange er dauert. Der Patient meint am Telefon: Ich habe Grippe mit Husten. Und dann müssen wir ihm überraschend beide Zystrallappen samt Ulcus pectori komatös amputieren sowie, nachdem wir mit Hilfe des Spektralboosters in der Betty-Ford-Klinik eine zweite Meinung eingeholt haben, eine beidseitige Stirpulationsprophylaxe unter Notfallbedingungen durchführen.«

Ausreden! Halbwahrheiten! Ich weiß doch, wie der Hase läuft. Ich habe selber einen Job. Glauben Sie vielleicht, das Kolumnenschreiben dauert immer gleich lange? Es ist genauso ein Glücksspiel wie das Gewächsewegschneiden. Trotzdem muss ich meine Termine einhalten. Ihr Ärzte klagt, dass ihr zu wenig Geld verdient? Wenn ich seit Jahren zu meinen beruflichen Verabredungen immer eine Stunde plus x zu spät kommen würde, dann hätte ich auch ein Problem auf der Einnahmeseite.

Je älter die Menschen werden, desto rechter werden sie und desto öfter müssen sie zum Arzt. Mein Hautarzt behauptet, dass sogar Fußpilz eine Alterserscheinung ist. Die Füße werden ab dreißig nicht mehr so gut durchblutet. Da hat der Pilz leichtes Spiel. Unglaublich: Beim Parteitag der Grauen liegt die Fußpilzrate siebzehnmal so hoch wie, sagen wir, bei einer Mitgliederversammlung von Attac. Bei den Vertriebenenverbänden müssen sie unter Verpilzung leiden wie die Tiere. »Oder haben Sie schon mal ein Kind mit Fußpilz gesehen?«, fragte der Hautarzt und schnippte das Gewächs mit dem Ringfinger weg.

Über Ausländer

In der Nacht ist mir Ludwig Erhard erschienen. Er sagte:
»Ich bin Patriot. Und zwar einzig und allein aus Gründen
der Logik. Alles Falsche für typisch deutsch zu halten ist
typisch deutsch, folglich muss es falsch sein. Können Sie
mir folgen?« Ich nickte. »Und die anderen Völker machen
in der Wirtschaftspolitik auch nicht alles richtig!« Dann
verschwand Erhard.

Vor drei oder vier Jahren hat bei uns um die Ecke ein
ceylonesisches Restaurant aufgemacht. Es hieß »Ceylon
House« und wurde von einer Großfamilie betrieben. Sie
siedeten und sotteten, sie frittierten und camouflierten
den lieben langen Tag im »Ceylon House«. Sie hängten vor
ihre Tür eine Tafel und schrieben »Gunstige Tags-Gericht
6 Mark« darauf. Sie spielten fetzige ceylonesische Volksmusik und kauften große Mengen an Plastikblumen.

Aber das nützte alles nichts. Das »Ceylon House«
war kein Ort, wo man hinging. Es war ein Ort, wo man
fortblieb. Einmal habe ich dort ein Lammcurry geges-
sen. Neben dem Lammcurry hatten ein Klecks Ceylon-

Joghurt und ein Minzeblatt Platz genommen. Wir drei waren die einzigen Gäste.

Spinnen spannen um die Plastikblumen ihre Netze. Die Großfamilie saß in der Küche und führte lange Gespräche. Schließlich schloss das »Ceylon House« seine allzu selten benutzten Pforten. Zwei Wochen später eröffnete an gleicher Stelle das »Ristorante Amore Tipico«.

Die Einrichtung war nahezu unverändert. Sie hatten italienische Fähnchen auf die Tische gestellt und Rotweinflaschen im Raum verteilt und Plakate mit Strandmotiven aufgehängt. Bei der Bedienung waren an den dazu geeigneten Stellen lange Wimpern und Goldkettchen befestigt.

Sie sagte: »Sorry, I don't speak German.« Ich sagte: »Va bene.« Sie sagte: »Sorry, I don't speak Italian. I am only the cook's sister. The cook is taking a bath. He will come very soon.« Dann ging sie zur Theke und legte eine Musik-Kassette ein. Es war ceylonesische Volksmusik.

Jetzt erschien der Koch. Es war der ceylonesische Clanchef. Er hatte einen neuen Schnurrbart und eine neue Frisur. Der Koch schimpfte mit seiner Schwester. Er wechselte die Kassette. Er legte italienische Arien ein. Dann brachte er eine Tiefkühl-Lasagne von Eismann. Neben der Lasagne lagen meine alten Bekannten, der Joghurtklecks und das Minzeblatt. Wir fielen uns mit großem Hallo in die Arme.

»Seid ihr jetzt etwa auch Italiener, ihr zwei?«, fragte ich. »Nur kein Spott«, antwortete das Minzeblatt. »Wir hatten nicht viel Zeit und nicht viel Geld zum Recherchieren. Der Chef ist zweimal im Stella Alpina gewesen und hat die Speisekarte abgeschrieben, dann haben wir losgelegt.« »Wir haben unsere Lektion gelernt«, warf der Joghurtklecks ein. »Wenn die Deutschen keine Ceylonrestaurants wollen, sind wir eben Italiener.«

»Und eure Identität?«, fragte ich. »Pah!«, rief das Minzeblatt. »Identität, pffff!« »Ihr Deutschen habt euch amerikanisiert«, sagte der Joghurtklecks. »Ihr habt aber die Gewerkschaften behalten. Das Ceylon-House italianisiert sich und behält den Joghurt.«

Ein paar Wochen später hat leider auch das »Amore Tipico« dichtgemacht. Sie bauen wieder um. Vielleicht werden sie jetzt Mexikaner.

Innovation, keine Angst vor Tabus, weg mit unnützen Traditionen – alles, was die Experten seit Jahren vorschlagen, nützt im Wirtschaftsleben offenbar nicht das Geringste, wenn man den Joghurt behält. Das finde ich total faszinierend.

Über Automobilclubs

Alle zwei Jahre kaufe ich, ohne groß nachzudenken, irgendein Auto für 2000 Euro. Mal ist es ein verratzter Mitsubishi, mal ein vergammelter Dacia, dann wieder ein babyblauer Ford. Das sind, wenn man fährt, jeweils total unterschiedliche Lebensgefühle. Auf die Weise beugt man geistiger Verknöcherung vor.

Einmal hatte ich einen Trabbi, um den Osten zu spüren. An den Tankstellen im Westen waren die Leute sehr nett, aber von oben herab. Eine richtig fiese Nettigkeit war das. Ein anderes Mal ist es ein Triumph Spitfire Cabrio gewesen, in Libidorot, davon habe ich mir einiges versprochen. Der Triumph war rattenscharf, aber immer kaputt, ähnlich wie der Fußballer Strunz.

Zurzeit fahre ich ein Mercedes Coupé aus der Ära Helmut Schmidt. Neulich seufzte das alte Coupé, räusperte sich verlegen und blieb stehen. Der ADAC kam. Der Pannenhelfer sagte: »Die Lichtmaschine.«

Wegen meines Lebensstils brauche ich den ADAC. Innerlich bin ich trotzdem gegen den ADAC eingestellt. Ich fahre hin und wieder Rad. Im Grunde mag ich Bäume. Blumen und Gräser. Frösche. Oder auch Grillen. Das alles soll es ruhig geben. Immer, wenn ich die politischen Forderungen des ADAC lese, denke ich: »Das, was die vom ADAC sagen, ist nicht meine Meinung.«

Ich habe einen Traum. In dem Traum bin ich tot, und der höchste Richter fragt mich, wieso ich seit 1991 Mitglied im ADAC war. Ich sage: »Es war mir nicht bewusst. Die haben mich ohne mein Wissen in ihre Mitgliederlisten aufgenommen. Die Namen wurden von den Fahrschulen automatisch weitergeleitet. Ich habe niemals etwas unterschrieben.« Der höchste Richter zeigt mir meine unterschriebene Eintrittserklärung. Ich sage: »Wissen Sie, alle Deutschen waren im ADAC. Es war eine Art Zwangsmitgliedschaft, sonst bekam man kein Auto. Man muss es auch aus der damaligen Zeit heraus verstehen.« Der Richter lacht höhnisch. Er zeigt mir Bilder von gefällten Alleebäumen und überfahrenen Rehkitzen. Ich sage: »Na gut, ich hatte mal eine Autopanne. Der ADAC-Pannenhelfer hat mich psychologisch unter Druck gesetzt. Ich wollte mehrmals austreten. Aber im Büro war immer so viel zu tun. Das mit den Rehkitzen wusste ich nicht, ehrlich.« Der Richter schweigt. »Ich habe den ADAC für meine Zwecke instrumentalisiert. Ich hatte zum Beispiel eine Panne, der ADAC hat mein Auto flottgemacht, mit dem Auto bin ich dann ins Büro und habe einen knallharten Anti-ADAC-Artikel verfasst. Über die Präsidentenfrage. Die Zeit ist reif für eine ADAC-Präsidentin! Das ist meine heilige Überzeugung.« Der höchste Richter schüttelt langsam den Kopf. Dann wache ich auf.

Ich habe eine neue Lichtmaschine einbauen lassen. Ein paar Tage später hustete der alte Mercedes verlegen und blieb zitternd stehen. Der ADAC kam. »Eindeutig die Lichtmaschine«, meinte der Pannenhelfer. Bald darauf stand der Mercedes tief in den Wäldern von Brandenburg. Der ADAC-Pannenhelfer sagte: »Wahnsinn, unglaublich, ich sehe, sie ist nagelneu, aber es ist tatsächlich die Lichtmaschine.« Ich aber weiß: Es ist die Strafe des höchsten Richters.

Über Berlin

In der Metzgerei ist kein Mozzarellasalat mehr da. Ich sage: »Mozzarellasalat ist wohl schon aus.« Mehr nicht. Keine Kritik. Ich schwöre es. Die Verkäuferin, scharf: »Hamse keine Augen im Kopf? Wir machen ab morgen Urlaub.«

An der Metzgereitür hängt ein handgeschriebener Zettel von fünf mal acht Zentimetern Größe. Ich bin einfach nicht der Typ, der vor dem Betreten einer Metzgerei die Metzgereitür auf versteckte Botschaften absucht. Ich sage: »Tut mir Leid, das Schild habe ich nicht gesehen.« Ich entschuldige mich sogar noch! Ich neige quasi mein Haupt vor diesem impertinenten Geschöpf, das mit Hilfe meines seit Monaten zuverlässig fließenden Mozzarellasalatgeldes sein Luderleben finanziert! Jetzt sagt sie: »Wie groß sollen wir's denn noch hinschreiben, damit ihr es endlich kapiert.«

In diese Metzgerei bin ich niemals wieder hineingegangen. Falls ich es in einem Moment der Schwäche jemals tue, möge mich der Satan in einen Mozzarellasalat verwandeln. Lieber fahre ich zwei Stationen bis zur Wilmersdorfer und laufe zu Karstadt, wo der Mozzarellasalat das Doppelte kostet. Ich gehe auch nicht mehr zu Berti's Fröhlichem Getränkeshop. Ich wollte dort eine Kiste Bier abgeben. Ich war seit Jahren Kunde. Die Kiste war ein bisschen staubig, weil sie ein paar Wochen auf dem Balkon gestanden hatte. Ehrlich, ich trinke Tag und Nacht Bier, so viel ich nur kann, aber ich habe schließlich auch beim Weinhändler Termine, die ich einhalten muss. Ich sage: »Guten Tag.« Berti kuckt die Kiste an und sagt: »Nee, so ein Dreckteil nehm ich nicht ab.« Ohne auch nur zu grüßen! Er hatte was zwischen den Zähnen. Fleischfasern, die er von meinem Geld bezahlt hat. Aber jetzt nicht mehr.

Manche Menschen sind vollauf zufrieden, wenn sie von den Berliner Verkäufern nicht geohrfeigt werden. Ich nicht. Ich habe meinen Jugendtraum von einer gerechten, menschenwürdigen Gesellschaft niemals aufgegeben. Der Mensch möge dem Mitmenschen ein Bruder sein. Er möge ihm mit einem offenen Lächeln und einem heiteren Grußwort seinen Mozzarellasalat reichen. Nennt mich einen Utopisten. Es ist mir egal.

Ich gehe seit Jahren in Geschäfte, in denen ich über das erträgliche Maß hinaus gedemütigt worden bin, nie mehr hinein. Einkäufe in Berlin sind eine komplizierte Sache geworden. Einen einzigen menschenwürdigen Laden für Autoreparaturen gibt es, er liegt in der Urbanstraße. Ich rauche nicht. Trotzdem gehe ich von Zeit zu

Zeit in das indische Zigarettengeschäft in unserer Straße und kaufe Feuerzeuge, einfach nur, weil der Inder »Guten Tag, Monsieur, was machen die Geschäfte« sagt und weil ich das gern höre.

Wenn ich nach Westdeutschland fahre, wie wir Altwestberliner immer noch sagen, nehme ich immer eine Liste mit – Kleidung, Lebensmittel, Elektronik. Ich komme mit Paketen beladen nach Hause. Die Verkäufer dort erkennen in mir den Mitmenschen und respektieren meine Ehre. Alle Berliner sollten so handeln wie ich. Das wäre gut für unsere Stadt.

Über Gewichtsprobleme

Als ich fünfundzwanzig wurde, es war ein herrlicher Spätsommertag, stellte ich mich nackt vor den Spiegel. Zu sehen war ein berückend schöner Jüngling. Die Augen strahlten wie Smaragde, die Muskeln spannten sich unter der pfirsichfarbenen Haut wie bei einem edlen Windspiel. In den Locken woben Elfen ihre Netze. »Ich will so bleiben, wie ich bin«, sagte ich. Dies stellte sich im Laufe der Jahre als äußerst schwieriges Projekt heraus.

Ich würde es nicht direkt ein Gewichtsproblem nennen. Nein. Doch. Ich nenne es direkt ein Gewichtsproblem.

Bei Männern fängt es immer am Bauch an. Der Bauch ist die Zellulitis des Mannes. Ich kenne Männer, die deutlich älter sind als ich, einen Bürojob und keinen Bauch haben. Sie fahren täglich 30 Kilometer Rad, trinken fässerweise Mineralwasser und essen unablässig Gemüse. Das ist sicher nicht die Art Leben, von der sie in ihrer Jugend geträumt haben. Sie dachten: »Eines Tages bin ich Chef, dann fahre ich nach Dienstschluss per Rolls Royce in die Unterstadt und mache mit Hilfe meiner Knete die ganze Nacht Hullygully.« Jetzt sind sie Chef, fahren Rad bis zum Umfallen und essen nach Dienstschluss gedünstete Möhrchen.

Der Chef von Sat1 ist ein Herr von knapp sechzig und dünner als Pergamentpapier. Er macht Marathonlauf. Es ist mir ein Rätsel, wie man gleichzeitig einen Großbetrieb leiten und Marathon laufen kann, ich schaffe es ohne Großbetrieb kaum zweimal die Woche in die »Fitness-Lounge 90«. Dort laufe ich auf dem Laufband drei Kilometer, eine Zahl, über die Sat1-Chefs nur lachen können, und sehe dabei Eurosport. Mehrere mit Männern versehene Laufbänder stehen nebeneinander unter dem an der Wand befestigten Bildschirm. Es ist so entsetzlich langweilig. Einmal habe ich versucht, während des Laufens zu lesen, dabei bin ich böse gestürzt, obwohl es nur »Focus« war. Aber ich bin froh, dass ich wenigstens keine Frau bin und keine kreisenden Bürstenmassagen gegen die Zellulitis machen muss.

Als ich fünfundzwanzig wurde, Teil zwei. Einen Waschbrettbauch besaß ich damals nicht. Waschbrettbäuche waren noch nicht erfunden. Die Waschbrettbäuche kamen zeitgleich mit dem Internet auf den Markt. Von einem bestimmten Tag an bekam man, wenn man irgendeine beliebige Frage stellte, immer nur die Antwort: »Das steht eh alles im Internet.« Dann schaute man sich den Typ genauer an, und er hatte den Waschbrettbauch. Am Anfang dachte ich, die Rillen auf dem Bauch sind dazu da, um den Laptop darauf abzustützen.

Fragen Sie mich bitte, auf welchen Nenner ich die geistig-moralische Lage in Deutschland bringen würde und welches Rezept ich für die Wirtschaftskrise habe. Meine Antwort lautet: »Das steht eh alles im Internet.« Wenn man im Internet »Bauch« eingibt, landet man bei einer Fachklinik für Liposuktion. Liposuktion heißt Fettabsaugung. Sie spritzen auch Sojabohnenextrakt in die Fettpölsterchen, das hilft angeblich langfristig. Kurzfristig führt es zu Rötungen, Juckreiz und Schwellungen. Oder man isst gedünstete Möhrchen und läuft sich einen Wolf. Ich wollte nie so leben, und, wer weiß, vielleicht werde ich hundert.

Über Design

Ein interessantes Bauwerk ist auch die Bahnhofstoilette von Westerland auf Sylt. Sie besteht größtenteils aus Buntglas und sieht wie eine Raumkapsel aus. Statt Griffen haben die Kabinentüren Löcher. Durch dieses Loch steckt man vorsichtig den Zeigefinger hindurch, mit dem gekrümmten Finger zieht man dann die Tür zu. Die Löcher sind, vermutlich aus ästhetischen Gründen, ziemlich klein. Sie sind nichts für Dickfingerige. Dickfingerige sollen woanders hingehen.

Sobald eine Toilettentür zu ist, möchte man sie verriegeln; das ist nur menschlich. Dazu gibt es in Westerland ein Trackpad, wie beim Computer. Man legt auf bestimmte Weise die Hand drauf und setzt einen Riegelmechanismus in Gang. Wie man es genau machen soll, wird in einem Text erklärt, der knapp über dem Trackpad an der Tür steht. Weil begreiflicherweise schon viele Menschen ihre Hand auf diese Stelle gelegt hatten, war der Text abgewetzt und unleserlich. Ich habe das Prinzip nicht begriffen.

Während ich in der Bahnhofstoilette von Westerland mit dem gekrümmten Zeigefinger der linken Hand die Tür zuhielt, an der immer wieder eilige Reisende rüttelten, denn es ist, vielleicht wegen ihrer wagemutigen Architektur, eine extrem gut besuchte Toilette, habe ich etwas Grundsätzliches erkannt. Von allen Künsten steht das Designen der Sexualität am nächsten. Beides, Design und Sexualität, können Kurzweil, Freude oder sogar Erfüllung stiften. Beides kann aber auch, wenn es von verantwortungslosen Menschen auf rücksichtslose Weise ausgeübt wird, viel Not und Pein verursachen.

Die Frage, wie man eine Toilettentür verschließt, ist historisch erschöpfend beantwortet: Man nimmt einen Griff und dreht ihn um. Die Designer könnten sich anderen, noch ungelösten Menschheitsproblemen zuwenden, zum Beispiel dem spritzfrei zu öffnenden Plastikmilchtöpfchen. Aber Designer denken nicht so. Schlimm ist es in den Badezimmern. Jeder Reisende hat schon einmal in eingeseiftem Zustand unter einer Hoteldusche gestanden und festgestellt, dass er oder sie das Armaturendesign nicht begreift. Je teurer das Hotel, desto größer das Risiko, einem Designverbrechen zum Opfer zu fallen.

Es könnte so einfach sein. Man braucht zwei Drehhähne, einen mit einem roten, den anderen mit einem blauen Punkt. Designer denken nicht so.

Ich habe einmal mit angetrockneter Seife unter den Kleidern ein Interview mit Johannes Heesters gemacht, dem Superstar aus der Nazizeit. Die ganze Zeit dachte ich: »Damals konnte jeder Deutsche in jedem Hotel jederzeit den Heißwasserhahn aufdrehen.« So geistig nah bin ich dem Faschismus noch nie gekommen. Daran sind die verdammten Designer schuld.

Sie machen jetzt Brillen, die man nicht mehr hinterm Ohr festhakt, sondern oben am Kopf. Oder Rucksäcke mit nur einem Gurt. Bald kommen Handys, die man nicht mehr ans Ohr hält, sondern an die Nasenlöcher oder Gott weiß wohin. Sie arbeiten an Sitzmöbeln, die am Schulterblatt befestigt werden, wie ein Fallschirm.

Die einzige Erfindung, vor der die Designer echt Respekt zu haben scheinen, ist das Rad.

Über deutsche Geschichte

Ich habe eine Geschäftsidee. Ich habe dauernd Geschäft-sideen. Neulich sollte ich für die Zeitung eine Geschichte über eine gewisse Ulla Schmidt aus Gießen schreiben. Diese Ulla Schmidt hat sich irgendwann in »Berkéwicz« umbenannt und beschlossen, dass sie Jüdin ist. Jetzt leitet sie den Suhrkamp Verlag.

In meinem Bekanntenkreis gibt es etliche Fälle, die ähnlich gelagert sind. Sie haben ein jüdisches Großeltern-teil, oder einen entfernten Cousin, manchmal reicht sogar ein Nennonkel. Plötzlich kommen sie mir auf der Straße entgegen und schwenken in beiden Händen siebenarmige Leuchter. Dagegen ist mir kein einziger Fall bekannt, in dem jemand, der einen spanischen Cousin hat, plötzlich anfinge, »Olé!« zu rufen und Stierkämpfe zu organisieren.

Über die historisch-psychologischen Gründe für die-sen Identitätswechsel muss man wohl nicht groß reden. Ich sage dann immer: »Siehst du, Uwe, Entschuldigung, du heißt ja jetzt Uri, das ist der Vorteil, wenn du Deut-scher bist. Als Amerikaner könntest du nie von heute auf morgen behaupten: Ich bin Schwarzer. Es ist schon versucht worden, aber es kam nicht gut an, vor allem nicht bei den echten Schwarzen. Oder Indianer. Du kannst nicht sagen: Ich heiße nicht mehr Ulla Schmidt, ich heiße ab sofort Schräge Feder. Da würde man doch sofort an der Optik sehen, dass da was nicht stimmen kann.«

Halten Sie sich fest. Ich habe auch eine jüdische Großmutter! Na gut, es ist, genau genommen, eher eine Art Urgroßmutter. Dafür aber ist sie beurkundet und alles. Ich mache nicht viel davon her, das stimmt schon. Ich habe mir meine Oma für echte Notfälle aufgespart.

Nun die Geschäftsidee. Ich adoptiere Leute. Wer ein Identitätsproblem hat, möge zu mir kommen. Für ein angemessenes Honorar adoptiere ich den. Und schon hat er eine echte jüdische Ururgroßmutter. Es ist das gleiche Prinzip wie bei Konsul Weyer. Nein, besser. Die Leute, die bei mir Kunde sind, können nämlich ihrerseits auch wieder Leute adoptieren. Es funktioniert wie ein Franchise-System oder wie ein Kettenbrief.

Am Ende gibt es in Deutschland niemanden mehr, der Ulla Schmidt heißen muss. Überall stehen Leuchter. Die Vergangenheit ist bewältigt.

Sehen Sie, wir haben in Berlin dieses Mahnmal. Es ist ein deutsches Mahnmal, speziell für Deutsche. Die Firma Degussa darf daran nicht mitbauen, weil Degussa an genau den Verbrechen beteiligt war, an die das Mahnmal erinnern soll. Als ich das gelesen habe, dachte ich: »Wenn man ein Holocaustmahnmal bauen will, dessen Erbauer keinerlei biographischen Bezug zum Holocaust haben, darf man es eben nicht in Deutschland bauen. Man sollte es am besten in Island errichten.«

Die Degussa hat sich nicht umbenannt. Deutschland hat sich insgesamt nicht umbenannt. Das war der Fehler.

Jetzt aber kommen ich und meine Oma ins Spiel. Ich adoptiere die Degussamanager. Ach was, ich adoptiere die ganze Degussa. Sie sollen die Firma nach meiner Oma benennen. Das Dr.-Helene-Finkelstein-Werk. Dann soll noch mal einer kommen und was sagen.

Über deutsche Sprache

Ich bin eine Krähe und würde jetzt, wenn es recht ist, gerne mal schnell einer anderen Krähe ein Auge aushacken.

Kolumnen, die ich mag wie das Schwarze unterm Fingernagel, sind Sprachkolumnen. In Sprachkolumnen werden sprachliche Fehler oder dumme Redensarten oder Anglizismen gegeißelt. Sprachkolumnen werden fast ausnahmslos von verbiesterten Besserwissern fortgeschrittenen Lebensalters verfasst. Es sind Menschen, die, wie wir alle, mit ihrem biologischen Niedergang hadern, die es aber, anders als andere, der Jugend heimzahlen möchten und denen Haare aus der Nase wachsen. In fünfzig Jahren werde auch ich eine Sprachkolumne schreiben, und wenn ich dann einen Raum betrete, werden die Menschen sich räuspern und, dringende Termine vorschützend, sich rasch entfernen, ich aber werde davon nichts mitbekommen, denn ich bin innerlich längst so cremig, dass es nur noch für Sprachkolumnen reicht.

Ich achte und ehre das Alter. Als Gegenleistung verlange ich, dass es keine Sprachkolumnen verfasst.

In den Sprachkolumnen heißt es, dass man die Regeln beachten soll und das Deutsche heilig halten. Das ist Bullshit. In den Sprachkolumnen sagen sie, die Sprache soll so bleiben, wie sie im Moment zufällig ist. Das nenne ich: ahistorischer Käse, sozialfeindliches Geseiere und sentimentales Geblubber.

Die Sprachkolumnenverfasser sind Möchtegernjuristen, die das Gesetzbuch auswendig gelernt haben und denken, deswegen könnten sie Richter sein, dabei fehlt ihnen zum Richter z. B. der gesunde Menschenverstand. Sie haben kein Feeling, kein Timing, keine Délicatesse und mit genus loci ist es bei ihnen auch nicht weit her. Sie denken, Sprache sei wie Straßenverkehrsordnung, dabei ist sie wie Musik. Ob ein Ton richtig oder falsch ist, hängt vom Lied und vom Sänger und davon ab, ob es Volksmusik ist, Jazz oder Heavy Metal, aber das ist ihnen zu hoch. Sie lieben die Sprache nicht, sie wollen sie bloß beherrschen. Wenn man sagt: »Auch Goethe hat Fehler gemacht«, dann erwidern sie: »Sie sind aber nicht Goethe« oder »Goethe darf das« oder sonst etwas Geistloses, wenn man dann aber sagt: »Und Sie sind nicht mal Karl Kraus«, dann verstehen sie wieder nur Bahnhof. Weil, Esprit und Sprachkolumne, das passt nicht zusammen.

Das Wort »Innovation« überzieht unser Land wie eine schleimige Hautkrankheit. Jede neu eröffnete Bushaltestelle soll neuerdings eine Innovation sein, statt dass man nach Art der Ahnen sagt: »Es ist eine neue Bushaltestelle.« In jedem Zeitungsartikel steht so lange »Innovation«, bis im Hirn des Lesers ein Ermüdungsbruch eintritt. Ich selber habe seit Monaten offene Innovationsbeulen an den Beinen, und übel riechender Innovationsgel tropft mir aus den Ohren. Dieses Faktum könnte man anprangern, wieder und wieder, für und für, aber dazu müsste man ja eine Sprachkolumne schreiben, dies aber wäre eine geistig so dumpfe, körperlich so abstoßende und moralisch so fragwürdige Reaktion, dass ich lieber Zinksalbe auf meine Innovationsbeulen tue und den Mund halte.

Über Doppelkorn

Ich habe vor einigen Tagen einen Leitartikel gelesen. In dem Leitartikel stand, dass man im heutigen Europa drei Gruppen gefahrlos und guten Gewissens diskriminieren darf: Jäger, Raucher und Katholiken. Genauer gesagt, strenggläubige Katholiken, nicht etwa so Folklore-Katholiken wie Harald Schmidt, die findet natürlich jeder süß und möchte sie streicheln.

Es gibt allerdings noch eine vierte Gruppe: die Alkoholiker.

Ich bin zu 95 Prozent Weintrinker. Harte Sachen trinke ich selten. Ich besitze eine Flasche Wodka, die mir jemand zur Erstkommunion geschenkt hat, sie ist immer noch halb voll. Neulich aber habe ich zum ersten Mal im Leben eine Flasche Doppelkorn gekauft. Ich erinnere mich dunkel daran, dass mein Großvater stets einen Mundvorrat Doppelkorn im Küchenschrank aufbewahrte. Seit jenem frühkindlichen Erlebnis hat Doppelkorn auf meinem irdischen Weg keine nennenswerte Rolle mehr gespielt.

Es war bei Karstadt. Ich sichere da an fast jedem

Samstag Arbeitsplätze. Die Verkäuferinnen kennen mich, nicken mir zu. Ich stand in der Schlange, im Einkaufswagen lag oben die Flasche Nordhäuser. Als Erstes habe ich gemerkt, dass die Leute in der Schlange mich anders angesehen haben als üblich. Die Kassiererin hat meine Karstadt-Happy-Digits-Kundenkarte provozierend lange angestarrt, dann hat sie gesagt: »Könnte ich mal Ihren Ausweis sehen?« Dabei kennt sie mich! Das gab es noch nie. Dann sagte sie: »Könnten Sie mal ihre Tasche hochheben?« Sie wollte wissen, ob unter der Einkaufstasche Diebesgut versteckt ist. Als Nächstes sagte sie: »Dürfte ich mal in Ihre Tasche hineinschauen?« In so einem Moment hat man automatisch ein schlechtes Gewissen. Anschließend überprüfte sie sorgfältig die Unterschrift auf dem Beleg und das Foto im Ausweis. In ihren Augen stand Folgendes zu lesen: »Ein zerstrubbelter, unrasierter, nicht mehr ganz junger Mann, der am Samstag um elf Uhr morgens Doppelkorn kauft, dürfte wohl kaum auf legale Weise an unsere Karstadt-Happy-Digits-Kundenkarte in der Platinum-Version herangekommen sein.« Die ganze Zeit kuckten alle Leute. Ich kam mir vor wie ein Mann, der im Karstadt ein blutendes Eichhörnchen über der Schulter trägt und im Mundwinkel eine Zigarette, während er augenrollend und mit viel Betonung aus dem Alten Testament vorträgt.

Ich hätte der Kassiererin wahrheitsgemäß sagen können: »Ich brauche den Doppelkorn nur deshalb, weil ich mit seiner Hilfe Quittenlikör herstellen möchte, denn ich bin Besitzer eines Quittenbaumes sowie eines Quitten-likör-Rezeptes. Der Likör hat am Ende nur 16 Prozent Alkohol. Das ist doch gesellschaftlich akzeptabel. Ich bin kein fundamentalistischer Trinker. Ich respektiere die Rechte der Nichttrinker. Himmel noch mal, ich bin doch nur in etwa dem gleichen, aufgeklärten, folkloristischen Maß Trinker, in dem Harald Schmidt Katholik ist.« Mutig aber wäre es gewesen, die Flasche noch an der Kasse zu öffnen, sie augenrollend vor allen Leuten auszutrinken, zu rufen: »Freiheit, die ich meine! Voltaire! Rousseau! Killt alle Eichhörnchen!«, und dann davonzutorkeln. Stattdessen habe ich still bezahlt und kaufe in Zukunft Spirituosen übers Internet.

Über Dosenpfand

Als das Dosenpfand verkündet wurde, haben wir angefangen, Quittungen aufzuheben, wie alle guten Deutschen. Nach ein paar Wochen haben überall in der Wohnung Quittungen herumgelegen, in den Jackentaschen
waren Quittungen, in der Brieftasche waren Quittungen,
sogar in der Mikrowelle.

Man konnte die Dosen aber nicht abgeben, weil man
inmitten des Quittungsgewusels niemals die richtige
Quittung gefunden hat, die zu der jeweiligen Dose passt.
Ich habe im Familienparlament eine historische Rede gehalten, die in dem Satz gipfelte: »Wir brauchen eine zentrale Quittungensammelstelle.« Die zentrale Quittungensammelstelle wurde am Pinboard neben der Eingangstür
eingerichtet.

Inzwischen war die Wohnung bis oben hin voller
Dosen. Ich wollte sie abgeben. Da habe ich bemerkt, dass
aus den meisten Quittungen nicht hervorgeht, welches
Getränk man gekauft hat. Bei unserem »Rewe Nahkauf
Mini-Discount« steht auf der Quittung zum Beispiel nur

»W-GR 3« oder »W-GR 9«, vermutlich die Warengruppe, plus der Betrag. Um zu wissen, zu welcher Warengruppe Bier gehört, muss man Etikettierwissenschaft studiert haben.

Wir sind typische Wechselkäufer. Wir kaufen mal hier, mal dort, mal dieses, mal jenes. Es ist vorgekommen, dass ich drei Wochen lang immer nur beim »Rewe Nahkauf Mini-Discount« Beck's Bier gekauft habe, wahrscheinlich, weil ich unbewusst Stetigkeit in mein oft genug unstetes Leben hineinbringen wollte. Dann aber habe ich, um wieder das Gefühl von Freiheit zu schmecken, wochenlang in jeweils einem anderen Laden ein jeweils anderes Bier gekauft, mal das mit dem dicken Mann, der sich den Schweiß von der Stirn wischt, weil ich die Dose hübsch finde, mal aus Lokalpatriotismus »Rex Pils« aus Potsdam oder »Bürgerbräu« aus Friedrichshagen, mal aus Angst vor Altersarmut »Güldenkrone« zu 19 Cent die Dose.

Ich könnte das Bier in Kisten kaufen. Aber wir wohnen unterm Dach. Das Hinauftragen ist mir zu schwer. Ich könnte jemanden fürs Hinauftragen bezahlen. Dazu bin ich zu geizig. So ist nun mal mein Charakter. Er ist schwierig.

Ich habe eine weitere Rede gehalten. »Um zu wissen, welche Quittung zu welcher Dose gehört, müssen wir Quittungen und Dosen gleich nach dem Kauf beschriften.« Eine Blut-, Schweiß- und Tränenrede. Das Kind war lange Anhänger der grünen Partei. Jetzt sagt es: »Ich bin von Grund auf gegen die Grünen. Die Wohnung sieht hässlich aus wegen der Dosen.« Ich dagegen sage: »Nicht die Grünen, der Kapitalismus ist schuld. Die Kapitalisten wollen das Dosenpfand kippen und nehmen billigend in Kauf, dass wir wahnsinnig werden.«

Das mit der Beschriftung klappt nicht. Man vergisst es immer. Wir haben inzwischen völlig den Überblick verloren. Ich könnte die Dosen wegwerfen, wie es 25 Prozent der Deutschen tun, aber ich schaffe es nicht. Es sind inzwischen mindestens 70 Euro Pfandgeld. Ich kann nicht 70 Euro wegwerfen. Ich bin in den Notjahren aufgewachsen.

Trotz des warmen Sommers trinke ich fast kein Bier mehr. Wein ist eh gesünder. Aber es wird immer mehr, die Dosen stapeln sich in der Kammer und auf dem Hängeboden, sie überwuchern die Balkonpflanzen und liegen im Gästebett. Sehen Sie, man hat das Dosenproblem nicht gelöst, man hat es lediglich mir ganz persönlich aufgehalst.

Nach einer gewissen Zeit sah die Regierung ein, dass die Sache mit den Quittungen unpraktisch ist. Sie haben es anders gelöst. Ich bin bei Reformen immer dafür, es erst mal in kleinerem Maßstab auszuprobieren.

Über Dresscodes

Ich habe eine Sozialbehinderung oder vielleicht Geistes-
krankheit. Sie heißt Dresscodeblindheit. Neulich habe ich
in unserer Zeitung zu einem Text über Liebe das Foto
eines sich küssenden Paares veröffentlichen wollen. Es
waren total süße junge Leute. Der Chef rief an. Er sagte:
»Das sind doch Rechtsradikale da auf dem Foto.« Ich
schaute noch einmal genau hin. Der junge Mann trug
Normaloturnschuhe, ein T-Shirt mit so einer Schwurbel-
schrift darauf und irgend so eine Knubbelhose und hatte
eine 08/15-Modefrisur. Mein Sohn ist zwölf und war
schon immer Sozialdemokrat, ich behaupte mal, er trägt
ungefähr die gleichen Sachen. Wir holten unseren Experten für Rechtsradikalismus. Der Experte warf einen kurzen Blick auf das Foto und sagte: »Nazis.« Dann zeigte
ich ihm ein Foto meines Sohnes. Er sagte: »Sozialdemokrat.«

So was kriege ich einfach nicht mit. Morgens ziehe ich
an, was gerade im Schrank hängt und sauber ist, ich weiß
aber nicht, was es bedeutet. Ich sende pausenlos Signale

und kenne sie nicht. Noch dazu widersprüchliche Signale! Ich merke es immer in der Fußgängerzone. Manchmal winken mir ältere Damen verschwörerisch mit ihren Kuchengabeln zu, an anderen Tagen heben Skinheads grüßend ihre Bierdosen, wenn ich vorbeilaufe, einmal hat mir sogar ein Turbaninder mit zwei gekreuzten Fingern ein geheimnisvolles Zeichen des Einverständnisses gegeben. Es muss an der Jacke mit den Hornknöpfen gelegen haben.

Ich fände es gut, wenn die Nazis wieder braune Hemden tragen würden, wie in der alten Zeit. Egal, wie man zu den Nazis politisch steht, zumindest waren sie leicht zu erkennen. Ich fände es auch okay, wenn sie für uns mittelliberale Mainstreamleute eine eigene Hemdfarbe einführen würden, sagen wir ruhig lindgrün. Ich wüsste sofort, an welchen Tisch ich mich in der Kneipe setzen muss, wenn ich auf Diskussionen keine Lust habe.

International ist es noch komplizierter. Eine amerikanische Freundin erzählte, dass sich die Mainstream-Männer in Frankreich bis ins kleinste Detail so kleiden wie in New York die Homosexuellen. Ein schwuler Freund sei in eine französische Kleinstadt gereist und habe gedacht, er sei im Paradies gelandet, weil jeder, aber auch wirklich jeder Mann schwul war. Der Freund hatte wegen seines Irrtums viel Ärger in der kleinen Stadt.

Mir ging es ähnlich, als ich ins »90 Grad« wollte, das ist ein Klub. Ich fragte einen Freund, was man anziehen muss. Er sagte: »Sei einfach du selbst.« Ich habe die Jacke mit den Hornknöpfen genommen. Der Türsteher hat mich erniedrigt, gedemütigt und verächtlich gemacht.

Wenn ich Verleger wäre, würde ich ein Buch mit Dresscodes herausbringen. Man müsste es jedes Jahr aktualisieren, wie Restaurantführer. Man würde unter »Hornknöpfe« nachschlagen und dann stünde da: »In den USA Intellektueller. In Spanien Mitglied von Opus Dei. Im frankophonen Kanada Anhänger von verbotenen Sexualpraktiken mit Tieren. In Indien Turbanwäscher.«

Als die Freundin und ich in dem Café saßen, kam ein Herr herein. Die Freundin fing an zu lachen und sagte: »Allerhand! Dass der sich nicht schämt! In seinem Alter!« Alle im Lokal kicherten. Für mich war das ein ganz normaler alter Herr. Dresscodeblindheit ist wirklich eine Art Behinderung.

Über Drogen allgemein

Wir saßen in der Zeitungsredaktion und führten Gespräche über Themen von beiderseitigem Interesse. Jemand sagte: »Wir sollten vielleicht mal wieder was Überraschendes bringen.« Eine andere Person sagte: »Wie wäre es mit einer Serie, in der jedes Mal ein Reporter etwas tut, was relativ viele Leute tun, obwohl es eklig, widerlich oder unangenehm ist? Ich denke an Sachen wie Bungeejumpen, Eigenurintrinken, sich ein Beckham-Tattoo auf den Bauch machen lassen. Wie fühlt sich das an? Was sagen Freunde und Eltern? Wie reagiert der Lebenspartner?«

Keiner wollte es machen. Bei uns, am Standort Deutschland, findet man keine Reporter mehr, die Eigenurin trinken. Man muss junge, heiße Reporter aus der Dritten Welt oder Osteuropa nehmen, die trinken alles. »Oder«, schlug Norbert Thomma vor, »wir lassen die Autoren vor dem Bungeespringen auf Spesen koksen.«

Mit Koks ist auch der Deutsche leistungswillig.

Norbert Thomma ist der einzige deutsche Reporter, der eine Urinreportage im Stile des *New Journalism* geschrieben hat, und zwar für die Zeitschrift »Wochenpost«. Es ging darum, die angebliche Heilwirkung zu überprüfen. Er musste wochenlang auf eine Warze an seinem Ellbogen urinieren und bekam dafür Geld von der »Wochenpost«. Sie ist dann auch Pleite gegangen.

Das Projekt erforderte naturgemäß ein hohes Maß an Gelenkigkeit. Die Warze ging nicht weg, aber der Ellbogen begann intensiv nach Hühnerbrühe zu riechen. Über dieses bis dahin völlig unbekannte olfaktorische Phänomen hat er dann die Reportage verfasst.

Man liest oft »Regt euch übers Koksen nicht auf, alle tun es«, aber ehrlich gesagt, ich kenne gar nicht so viele Journalisten, die koksen. Vielleicht zehn. Mindestens fünf Mal so viele Journalisten kiffen. Das Kiffen hat sich in der deutschen Mittelschicht etabliert wie der Manufactum-Versand oder die Sushi-Bar, nach Alkohol und Nikotin ist es quasi die dritte Säule des bundesdeutschen Rauschsystems. These: Inzwischen gibt es in Deutschland mehr kiffende als Zigaretten rauchende Journalisten. Ähnliches gilt für Lehrer und Professoren. Wenn das Zeug wirklich gefährlich wäre, hätte man es daran gemerkt, dass irgendwann am Morgen keine Zeitung mehr im Briefkasten steckt und die Universitäten dichtmachen.

Ich bin gegen das Kiffen, weil es zufrieden macht. Als Kiffer hast du keinen Biss mehr. Bekifft kannst du vielleicht supergut Nachrufe schreiben, weil da eh nur Positives drinstehen darf. Koksen macht größenwahnsinnig, Kiffen macht harmoniesüchtig. Deutschland hat seit Kaiser

Wilhelm fast immer Kokserpolitik gemacht. Heute macht es Kifferpolitik.

Früher bin ich manchmal von einem sehr netten Gynäkologen zu seinen Drogenpartys eingeladen worden. Seit er drei war, wusste er, dass er mal die Praxis seines Vaters übernehmen soll. Aus Protest hat er angefangen, Jura zu studieren, aber er hatte kein Talent dazu und musste am Ende doch die verdammte Praxis nehmen. Aus Verzweiflung über die Gynäkologie verfiel er dem Mescalin. Das wird aus mexikanischen Kakteen gemacht. Es sind Pillen. Man sieht unglaublich tolle Farben, verliert völlig das Zeit- und Raumgefühl und wacht am nächsten Tag im Gartenschuppen auf, wo man sich stundenlang in den Tank des Rasenmähers übergibt, weil man denkt, dann merkt der Gastgeber es nicht.

Alle tun es. Aber jeder muss aufpassen, dass er das Richtige für seinen Typ findet.

Über Drogen speziell

Auf dem Höhepunkt der Friedman-Affäre gab ich folgende Erklärung ab: »Wenn alle Kokain nehmen, nehme ich das jetzt auch und schreibe drüber. Im Delirium. Wie Jünger, Huxley, Burroughs und all die berühmten Schriftsteller.«

Also suchte ich eine Person auf, von der alle Welt annimmt, dass sie kokst. Ob sie mir was besorgen könne. Die Person, die höchstwahrscheinlich kokst, druckste herum. Daraufhin fuhr ich mit dem Rad zu einer anderen Person, die sich, wie ganz Berlin erzählt, »in der Szene gut auskennt«. Die Person, die sich in der Szene gut auskennt, sagte: »Einfacher geht's nicht. Ich kenne in der Szene eine ledige Mutter, die mit Koksdealen den Unterhalt ihrer drei Kinder bestreitet.«

Am nächsten Morgen rief die Person an. Die Mutter will nicht. Misstrauen. Mütter sind immer misstrauisch. Dann fuhr ich in die Hasenheide. Die Hasenheide ist für den Berliner Drogenverbraucher das, was das KaDeWe für den Feinkostverbraucher ist. Unsere Sekretärin sagte:

»Es klappt bestimmt nicht, Sie sehen zu seriös aus.« Das fand ich fast ein bisschen beleidigend.

Nach zehn Minuten des Umhergehens kam ein türkischer Mitbürger mit Klapprad und Anorak. Er flüsterte im Vorbeifahren: »Gras? Gras, ey?« Ich antwortete: »Koks.« Der Mitbürger stieg vom Klapprad. »Warum denn kein Gras, Alter? Is besser für dich.« »Gras macht mich müde.« »Haschisch macht müde, Gras doch nich. Kuck mich an, Alter. Seh ich müde aus?« Der keineswegs müde wirkende Mitbürger ließ sich überreden, am nächsten Tag ein Gramm erntefrisches Kokain zum Preis von 80 Euro zu liefern. Ich würde, zum Zeichen meiner Lernfähigkeit, zusätzlich vier Gramm holländisches Qualitätsgras zum Schnupper-Preis von 40 Euro nehmen.

Am nächsten Tag habe ich auf dem Parkplatz extra schlunzige Klamotten angezogen, um in der Hasenheide nicht aufzufallen. Es waren eine moosgrüne Jogginghose, eine Coca-Cola-Schirmkappe und eine hellgelbe Windjacke mit dem Aufdruck »Big Fun Rider«. Auf der Wiese stieß ich umhergehenderweise auf eine joggende Rundfunkjournalistin, die uns ein Hans-Magnus-Enzensberger-Interview angeboten hat. Enzensberger-Interviews sind schwer zu kriegen, sie sind quasi das Koks unter den Interviews. Sie war erstaunt, auch wegen der Windjacke. »Na, das ist aber ein Zufall! Wie fanden Sie denn das Enzensberger-Interview?« Sie hatte das typische Joggeroutfit. Sie sah wie ein als Joggerin verkleideter Zivilbulle aus, der mit einem als Big Fun Rider verkleideten Drogenfahnder das weitere Vorgehen bespricht. Während wir über Enzensberger redeten, dachte ich: »Irgendwo hinter den Büschen steht jetzt der Mitbürger und macht sich seinen Reim darauf.«

Ich war im »Slumberland« und im »Tresor«. Ich habe versucht, ins »90 Grad« hineinzukommen, wurde aber vom Türsteher mit stark ins Persönliche gehenden Bemerkungen zurückgewiesen. Ich habe vier Wochen lang versucht, Kokain zu kaufen. In dieser Zeit wurden mir achtmal Gras angeboten, fünfmal Shit, viermal Speed, zweimal Prügel und einmal Viagra.

Glauben Sie mir: Es gibt in Deutschland nicht wirklich ein Kokainproblem.

Über Geburtstage

Ich bin nicht nur regelmäßiger »Zeit«-Autor, ich bin auch regelmäßiger »Zeit«-Leser. In der letzten Woche stand ein Artikel drin, von einer Frau. Die Überschrift hieß: »Schwieriges Alter«. Die Frau schrieb, sie sei um die dreißig. Sie habe allmählich das Gefühl, dass aus der großen, romantischen Liebe nichts mehr wird. Jetzt senkt sie die Ansprüche. Vielleicht geht sie eine Vernunftbeziehung mit irgendeinem Langweilerdödel ein, um in dieser Vernunftbeziehung Kinder zu kriegen. Deswegen sei sie mit um die dreißig in einem schwierigen Alter.

Ich habe die Zeitung sinken lassen. Ich bin aufgestanden. Ich bin voll Stoff mit dem Kopf gegen die Wand gerannt. Das tue ich manchmal. Es beruhigt mich. Ich habe das Fenster geöffnet. Ich habe auf die Potsdamer Straße runtergeschrien: »Eine Frau um die dreißig ist in einem schwierigen Alter!«

Wenn jemand in einem schwierigen Alter ist, dann bin wohl ich das. Ich verbitte mir in aller Form, dass andere Menschen, Mann oder Frau, in meiner Gegenwart behaupten, sie seien in einem schwierigen Alter.

Bei mir läuft sozusagen schon die Nachspielzeit. Wenn ich im Mittelalter leben würde, wäre ich schon tot. Oder, vielleicht bin ich es längst. Man merkt es vielleicht gar nicht. Diese Frau da in dem Artikel denkt an die romantische Liebe. Ich dagegen muss an meine Magnesiumtabletten denken. Der Arzt sagt: »Das Cholesterin und das Herz sind im Moment unsere Hauptprobleme. Die Leberwerte sind halbwegs okay. Die Lunge, na ja.« Das wundert mich. Echt. Ich hätte gewettet, die Leber ist das Hauptproblem. Sie hat es aber nur unter die Nebenprobleme geschafft. Ich bin in einem schwierigen Alter.

Dann habe ich weitergelesen. Die Frau schreibt über den Supertypen, nach dem sie sucht. »Mir gefallen Männer, die talentiert und eigensinnig sind, gern lesen und zum Abschied nicht ciao-ciao! sagen. Es hilft eine ausgeprägte Leidenschaft für eine Sache. Sport ist ein Plus. Geld ist egal. Über schlechten Modegeschmack könnte ich hinwegsehen.« Ich habe die Zeitung auf den Boden geworfen und bin ohne Mantel auf die Straße gerannt. Heiliger Himmel, das bin ja ich! Sie redet von mir! Der Supertyp! Hundertprozentig! Ich habe schon als Kind gerne gelesen, das ist nachweisbar. Ich sage beim Abschied niemals ciao-ciao, da lasse ich mir lieber die Zunge amputieren. Sie weiß sogar das mit dem schlechten Modegeschmack und der ausgeprägten Leidenschaft für diese eine Sache.

Es ist ein Fingerzeig des Schicksals. Vielleicht sollte ich anrufen. Wir könnten erst mal zusammen joggen. Sport ist ein Plus. Mein Arzt sagt das auch immer.

Über Handys

Vor Weihnachten sagte das Kind sinngemäß: »Ich wünsche mir von ganzem Herzen ein Handy GX 10i von Sharp. Es kostet 250 Euro. Man bekommt es bei Ebay. Mein Lebensglück hängt davon ab.« Das Kind besitzt schon seit Jahren ein Handy, Marke Trium. Aus Korea. Ich selber besitze ein Siemens S 45. Es kann nicht Motorrad fahren und keine Susan-Sontag-Texte übersetzen. Es kann nicht einmal fotografieren. Es ist nur ein braves, ehrliches Handy vom Lande, das versucht, seine Arbeit zu tun.

Ich gab zur Antwort: »Wenn ein Zwölfjähriger ein teureres Handy besitzt als sein Vater, wird die natürliche, göttliche Ordnung der Dinge, wie sie seit Millionen von Jahren besteht, auf den Kopf gestellt. Wenn heute die Kinder teurere Handys besitzen als ihre Eltern, dann wird es morgen Frösche regnen, die Flüsse werden Jungfrauenblut führen statt Wasser und den Bäumen werden Bärte aus Menschenhaar wachsen.«

Das Kind erwiderte: »All dies, was du beschrieben hast,

nehme ich gerne in Kauf, Vater, sofern ich nur recht bald das GX 10i von Sharp bekomme.«

Ich ging zum Schulhof. In den Pausen zogen damals alle Zwölfjährigen silberne Handys aus den Taschen, klappen sie auf, denn es waren ausnahmslos aufklappbare, zeigen einander die Displays, führen Klingelgeräusche vor oder rezitieren mit der Inbrunst frisch Verliebter aus der Gebrauchsanweisung. Sie telefonierten mit den Handys nicht. Wozu auch? Zwölfjährige aus bürgerlichen Verhältnissen haben relativ wenig zu telefonieren. Sie führen keine Wochenendbeziehung, sie betreiben kein Networking, sie brauchen nicht mal den ADAC-Pannendienst. Andererseits: Eine Rolex trägt man ja auch nicht, weil man auf die Uhrzeit neugierig ist.

Das Kind bekam zu Weihnachten ein Nokia 3590i. Besser als Trium. Billiger als 250 Euro. Es ist nicht aufklappbar. Das Kind sagte sinngemäß: »Weil du dich bisher nach besten Kräften bemüht hast, mir ein guter Vater zu sein, will ich dir für dieses Mal verzeihen. Auf dem Schulhof werden sie deinen Sohn mit Spott überschütten, ich aber will meines braven Vaters gedenken und alle Erniedrigungen tapfer aushalten. In der göttlichen Ordnung der Dinge aber steht geschrieben, dass bald Ostern ist. Unser Patenkind in Bolivien wird sich über das Nokia 3590i freuen. Die GX 10i von Sharp werden im Preis sinken. Zu Ostern. Das ist gewiss.«

Ich traf unseren Amerikakorrespondenten. Er legte sein Handy auf den Tisch. Es war mit Tesafilm geflickt, groß wie eine Salatgurke und schwer wie ein Kasten böhmisches Bier. Es ist ein original Siemens E 10 D, mit Dieselmotor. Der Korrespondent sagte: »Alle beneiden mich. Es fängt jetzt nämlich überall mit der Handynostalgie an.« Die schwarzen Bakelit-Telefone aus den 50ern sind ja schon länger ein Hit. Bald werden sie in Korea Nostalgiehandys bauen, bei denen zur vollen Stunde ein geschnitzter Kuckuck aus dem Display heraushüpft und das Schlesierlied singt.

Über Herrenzeitschriften

Neulich traf ich einen Mann. Wir unterhielten uns über Männermagazine. Anlass des Gesprächs war die Tatsache, dass ein neues Männermagazin auf den Markt gekommen ist, es heißt »Matador«. Ich sagte: »Wenn ich so ein Männerleben führen würde, wie die Männermagazine es vorführen, wäre ich längst tot.« Man müsste morgens gleich nach dem Aufstehen eine Davidoff rauchen. Danachmüsste man Sit-ups machen für die Bauchmuskeln. Dann Sex, anschließend »Financial Times« lesen. Danach mit dem Kabrio ins Büro. Im Büro, vor der Frühkonferenz, Sex mit der Sekretärin. Dann Karriere.

Mittags joggen, im Park Ausprobieren der »Anleitung für Eroberer« aus »Matador« an Jessica, 25, Bildredakteurin, und an Ulrica, 30, Visagistin, danach einen Uhrenklassiker aus echtem Stahl und ein »Rosemary Mint Shampoo für feines Haar« kaufen, einen Single Malt Whisky trinken, nein, heute lieber zwei, wieder im Büro Sex mit der anderen Sekretärin, wobei die Sekretärin jünger sein muss als der Whisky, sonst zählt es nicht. Nachmittags schaut man sich im Büro auf Eurosport Autorennen an, macht Karriere und ersteigert bei Ebay ein Internet-Date. Stärkungspräparat nehmen. Zweite Davidoff. In der Konferenz Rainer sagen, wo's lang geht. Abends: Termin bei der Sexualtherapeutin, Thema: neue Masturbationstechniken, danach zu Hause das Handy tunen und das Auto frisieren, dann Nightlife in den Klubs. Auf dem Weg dorthin im Auto Bildungsprogramm, eine CD über Hedge Fonds. Um vier Uhr noch mal ins Büro, die Festplatte von Rainer löschen. Dann wieder Sit-ups, eine Davidoff und Sex mit den Girls von der Büroreinigungstruppe.

Der andere Mann sagte: »Die Männermagazine hassen uns. Sie wollen, dass wir aussterben. Deutschland soll nur noch aus Witwen bestehen. Die Männermagazine gehören bösen Witwen.«

Dinge, die in mehr als 50 Prozent aller Männerleben eine Rolle spielen, aber selten oder nie in Männermagazinen auftauchen: Ikeamöbel aufbauen. Angst vor Haarausfall. Kochen. Aquarienfische kaufen. Hausaufgabenhilfe bei Halbwüchsigen. Angst vor Tanzkursen. Billige Werkstatt finden. Ausreden finden. Rauchen abgewöhnen. Keller aufräumen. Hautunreinheiten, Schuppen, Schnarchen. Das Alkoholproblem. Das Gedächtnisproblem, vor allem im Zusammenhang mit Geburtstagen.

Über Hitler

Ich höre auffällig wenige Hitlervergleiche in letzter Zeit, ist da irgendwas passiert? »Seit den Tagen des Dritten Reiches hat niemand mehr den deutschen Namen so besudelt und so viel Schaden angerichtet wie Dr. Rolf Remagen, der Investmentberater meiner Frau« – solche Einlassungen meine ich. Bei Redaktionsschluss dieser Auflage herrschte eine beinahe gespenstische Ruhe an der Hitlervergleichsfront. Die Hitlervergleiche sind doch eine deutsche Spezialität wie das Oktoberfest!

Nein, stimmt nicht ganz. Die wahre Heimstatt der Hitlervergleiche befindet sich in den USA. In den USA beschimpfen die Raucher und die Nichtraucher, die Fleischesser und die Vegetarier, wahrscheinlich auch die Tee- und Kaffeetrinker einander gegenseitig als Nazis. »Nazi« ist in den USA ein Schimpfwort etwa des Schweregrades von »Volltrottel«, also eine Beleidigung, bei der jeder Bürger sich angesprochen fühlen darf.

Womit könnte man, sozusagen auf der Metaebene, die Hitlervergleiche vergleichen?

Hitlervergleiche sind wie Pizza. Beides können die Amerikaner sehr gut machen, obwohl es ursprünglich nicht aus Amerika stammt. Beides haben wir in Deutschland perfektioniert. Die Deutschen erfinden immer neue exotische Pizzabeläge und immer neue exotische Hitlervergleiche.

Diejenigen, die sich über Hitlervergleiche moralisch empören, kämpfen einen ehrenwerten, aber aussichtslosen Kampf. Genauso gut könnte man versuchen, RTL 2 wieder abzuschaffen.

Dieter Bohlen war mit Verona Feldbusch nur ganz kurz verheiratet. Er ist Frauen gegenüber extrem misstrauisch, hält seinen Job für das Wichtigste im Leben und glaubt, dass ein Mann in seiner Position besser nicht fest gebunden sein sollte. Seinen anfangs gleichberechtigten Partner Thomas Anders hat er gnadenlos an die Wand gedrückt.

Hitler hat es mit Eva Braun und Franz von Papen genauso gemacht.

Franz Beckenbauer hat erklärt, dass Deutschland »für lange Zeit unschlagbar« sein werde. Beckenbauer arbeitet auf seinem Gebiet für eine deutsche Vormachtstellung in der Welt, schmiedet unablässig Zweckbündnisse und redet dabei eine Menge Unsinn.

Dies sind exakt die Methoden von Adolf Hitler.

Uschi Glas achtet mit peinlicher Genauigkeit auf gesunde Ernährung. Sie liebt Hunde und die bayrischen Berge. Sie ist erklärte Anhängerin der Monogamie, doch stehen ihre Beziehungen zum anderen Geschlecht meist unter keinem günstigen Stern. Politisch ist sie eindeutig im rechten Lager verortet.

Die Parallelen zu Hitler sind, gerade in diesem Fall, beinahe überdeutlich.

Wolf Biermann trägt einen eigenwilligen Oberlippenbart und ist wegen seiner nicht enden wollenden Monologe gefürchtet. Er ist ein Volkstribun, der mit seiner Rhetorik große Säle in rasende Begeisterung versetzen kann. Für Andersdenkende hat er wenig Verständnis.

Im Verhalten gibt es deutliche Gemeinsamkeiten mit Hitler.

Nelson Mandela hat wegen seiner Ansichten im Gefängnis gesessen und ist dort seinen Ideen treu geblieben. Nach der Entlassung ist er Regierungschef geworden und hat den Staat radikal umgemodelt.

Trotz aller inhaltlichen Unterschiede – bei Hitler ist es etwa genauso gelaufen.

Haben Sie Anregungen für eigene, kreative Hitlervergleiche bekommen? Gerade im engeren Familienkreis kann fast jeder ohne viel Mühe Hitlervergleiche anstellen, es ist wirklich nicht viel schwieriger als das Pizzabacken.

Über Jugendwahn

Zu dem Thema »Abschied vom Jugendwahn« erzähle ich eine gleichnishafte Geschichte. Letzte Woche war ich live im Frühstücksfernsehen. Dazu musste ich um 4 Uhr 45 aufstehen. In meinem ganzen Leben habe ich vor 7 Uhr morgens überhaupt noch nie einen zusammenhängenden Satz gesprochen, das kann jeder bestätigen, der mich näher kennt. Jetzt sollte ich, in meiner Eigenschaft als Zarathustra des deutschen Kolumnenwesens, um 6 Uhr 15 mit dem Moderator Thomas Koschwitz vor Millionen Menschen einen lustigen Dialog führen, prallvoll mit Esprit, Savoir-vivre, Camouflage und all den anderen Ulrich-Wickert-Eigenschaften.

Vor Monaten war ich übrigens auch mal bei der Fuß-pflege. Die Fußpflegerin hat mir, weil meine Füße angeblich für mein Alter zu trocken sind, eine Tube »Gehwohl Med Lipidro« verkauft. Weil ich mir selten oder eigentlich nie um 4 Uhr 45 die Zähne putze, habe ich aus Unkonzentriertheit und Tubenverwechslertum statt der Zahnpasta Fußcreme auf die Zahnbürste getan. Das habe ich aber erst nach ein paar Minuten Putzerei gemerkt, weil meine Geschmacksnerven so früh am Morgen noch ausgeschaltet sind.

Mir wurde in einer Weise übel, wie mir mein Lebtag nicht übel war. In dem Studio war vor mir der berühmte Dönerbrater dran, der kürzlich das lustige Dönerquartett auf den Markt gebracht hat. Er briet Döner und sprach dazu über das lustige Dönerquartett. Der extreme Dönergeruch in der Nase vermischte sich mit dem extremen Geschmack nach feuchtem Fuß im Mund auf eine die Übelkeit so extrem steigernde Weise, dass ich dachte, ich werde mich jetzt live auf das Tischchen übergeben, das vor Thomas Koschwitz steht, und zwar genau dann, wenn er fragt: »Was ist eigentlich das Besondere an Ihren Texten?« Am peinlichsten, dachte ich, wird die Tatsache sein, dass ausgerechnet Fußcreme aus mir herausströmt.

Es passierte aber nichts. Ich fuhr mit dem Taxi völlig fertig zur Werkstatt, um den Mercedes abzuholen, der wochenlang geklappert hat wie die Zähne eines vierjährigen Kindes, wenn man ihm den Film »Halloween« zeigt. Sie haben für 2000 Euro einen neuen Motor eingebaut. Sie haben gesagt, anders geht das Klappern nicht weg. Ich zahlte, stieg ein, der Mercedes klapperte lauter denn je. In genau dem Moment rief die Kulturchefin an und sagte, sie würde es begrüßen, wenn ich mir im Kino jetzt sofort die Pressevorführung des Films »Der Untergang« anschaue. Ich fuhr also völlig fertig zum Kino und schaute zweieinhalb Stunden lang Bruno Ganz dabei zu, wie er den Hitlerwahn spielt. Dabei musste ich, wider Willen, darüber nachdenken, ob Hitler trockene Füße gehabt hat, er war ja in dem entsprechenden Alter, und es macht reizbar. Dann ging ich, inwendig voll Fußcreme, voll Bitterkeit und voll Hitlerwahn, ins Büro und fand die Nachricht vor, dass ich etwas zum Abschied vom Jugendwahn schreiben soll. Zum Jugendwahn habe ich folgende Botschaft: Früher, als ich jung war, haben mir solche Tage deutlich weniger ausgemacht. Insofern ist der Jugendwahn möglicherweise berechtigt.

Über Kirchentage

Während des ökumenischen Kirchentages hatten wir einen Pfarrer als Schlafgast. Beim Abendbrot erzählte der Pfarrer: »Wisst ihr, dass der junge Günther Jauch wegen einer Kirchentagsreportage mal fast den Job verloren hat? Er war live auf Sendung und hat sinngemäß gesagt: ›Hey Leute, ich bin hier auf dem Kirchentag, das merke ich daran, dass um mich herum tausend Frauen sind, und keine finde ich attraktiv.‹ Da hieß es, er habe auf widerliche Weise religiöse Gefühle verletzt, außerdem sei es sexistisch. Sowohl die Kirche als auch die Linken als auch die Feministinnen waren wütend, aber, ha, ha, er hat ja Recht gehabt, obwohl, heute ist es in Hinsicht attraktive Frauen bei uns besser geworden.«

Ich dachte: »Schau an, die Pfarrer von heute.«

Aber warum es religiöse Gefühle verletzt, etwas Negatives über die Attraktivität von Kirchentagsbesucherinnen zu sagen, verstehe ich nicht. Erstens ist so was Geschmackssache. Und wäre es aus kirchlicher Sicht etwa wünschenswert, wenn Günther Jauch öffentlich erklärt hätte: »Den Anblick von engagierten Christinnen finde ich sexuell erregend«? Das würde die Kirche auch nicht gern hören. Oder ist es etwa grundsätzlich verboten, Christentum und sexuelle Gedanken in einen Zusammenhang zu bringen? Das hieße, wegzuschauen, einen Aspekt des Lebens totzuschweigen. Wegschauen, totschweigen – wir in Deutschland haben geschworen, genau das nie wieder zu tun.

Dann war ich auf dem Kirchentag. Ich habe versucht, die Katholischen von den Evangelischen an der Optik zu unterscheiden. Generell kann man sagen, dass die Katholischen fülliger sind als die Evangelischen. Sehr viele Evangelische tragen lange Haare, Zottelbart und Birkenstockschuhe, wie damals die Alternativbewegung. Man denkt »Christen tragen Birkenstock, ein Klischee«, aber es ist oft wirklich so. Mit »Zottelbart« meine ich, dass sie keine Hipsterbärte tragen, denn das wäre ja hip.

Grundsätzlich sind engagierte Christen nicht unattraktiver als Atheisten oder Moslems, im Gegenteil, es ist für jeden Geschmack etwas dabei, sie sind nur dreißig Jahre zurück. Engagierte Christen achten zum Beispiel grundsätzlich nicht auf ihre Sockenfarbe. Dabei möchten sie durchaus gefallen. Sie stehen nicht auf dem Standpunkt, dass alles Irdische Tand sei, nein, sie brezeln sich mit Ohrringen, Siegelringen und Rüschenblusen auf, es ist aber fast alles siebzigerjahremäßig.

Unser Pfarrer meint, dass sich für das Ignorieren der Sockenfarbe kein Anhaltspunkt in der Bibel findet. Die

Bibel sei im Grunde nicht modefeindlich, auch nicht gegen das Setzen von sexuellen Signalen. Es heißt ja ausdrücklich »Mehret euch«, ein Vorgang, bei dem Äußerlichkeiten nachweislich eine Rolle spielen. Andererseits sind fette goldene Armbanduhren ein Indiz für die Zugehörigkeit zum islamischen Glauben, und meine Gewährspersonen versichern mir, dass es nirgendwo im Koran heißt: »Traget hässliche Armbanduhren, und ihr werdet das Paradies sehen.«

Wahrscheinlich gibt es eine geheime gemeinsame Erklärung des Gottes der Christen und des Gottes der Moslems. »Ihr, die ihr Uns folgt, sollt fragwürdige Socken tragen und lächerliche Uhren, ihr sollt allerlei Spott erdulden müssen, aber im Himmelreich werden Wir euch zum Lohne komplett neu einkleiden, eure alte Garderobe aber wird ein in die Hölle zu den Heiden geschickt und es wird ein Heulen und Zähneklappern sein bei denen.«

Über Kriminalität

Bevor ich Journalist wurde, habe ich unter anderem als Auftragskiller in Israel gearbeitet. Ich musste in Neonlichthallen Hähnchen einfangen, die noch in der Pubertät waren, sie in Kisten sperren und die Gefangenen im VW-Bus zum Schlachthof fahren. Jeden Tag waren es 200 Hähnchen, die unter meiner Federführung kaltgemacht wurden. Journalismus ist auch brutal, macht mir aber psychologisch längst nicht so viel aus.

Mein Auftraggeber und Arbeitsplatz war der Kibbuz Tel Josef. Er wurde nach dem Helden Josef Trumpeldor benannt, Spitzname: einarmiger Josef. Der einarmige Josef war, zunächst noch in zweiarmigem Zustand, Soldat des Zaren und hat seinen Arm im russisch-japanischen Krieg von 1903 eingebüßt. Kaum hatten die Sanitäter im Lazarett die Amputationswunde verbunden, da griff Josef Trumpeldor mit der ihm verbliebenen Hand nach seinem Säbel und stürzte sich mit unverändertem Schwung erneut in die Schlacht gegen die Japaner. Dafür haben sie ihn zum einzigen einarmigen Offizier Russlands befördert. Später wanderte er ins Heilige Land aus und vollbrachte dort im Nu drei weitere Heldentaten.

Vor einiger Zeit war ich wieder in Tel Josef und ging dort ins Josef-Trumpeldor-Museum. Das ist ein Zimmer voller staubiger Bücher und Fotos, neben dem Gemeinschafts-Esssaal, der vor Jahren geschlossen wurde, weil auch im Kibbuz niemand mehr an die sozialistischen Ideale glaubt. Im Halbdunkel saß die Museumsdirektorin, die außerdem die Aufgaben einer Museumswärterin wahrnimmt. Es ist eine Dame von Mitte sechzig, Rachel Sass. Sie sagte: »Where do you come from?« Ich sagte: »Deutschland.« Früher war das in Israel ein kniffliger Moment, wenn man erzählt hat, dass man aus Deutschland kommt. Bei gut aussehenden Frauen habe ich oft »Frankreich« gesagt, weil ich Franzosen recht gut nachmachen kann, vor allem einen betrunkenen Franzosen, der versucht, ein Croissant in Café au Lait einzutunken.

Jetzt aber rief Rachel Sass: »Deutschland? Der Kannibale!« Im israelischen Fernsehen brachten sie zu der Zeit massenhaft Berichte vom Kannibalenprozess, es war die absolute Topstory. Der Kannibale war in Israel plötzlich berühmter als Richard Wagner und Michael Schumacher zusammen. In anderen Ländern auch, das haben Freunde erzählt.

Das deutsche Image in der Welt hatte sich für eine Weile total verändert. Man dachte jetzt nicht mehr als erstes »Hitler« oder »Beckenbauer« oder »Mercedes«, nein, man dachte sofort: der Kannibale.

Rachel Sass wollte wissen, ob es in Deutschland viele Kannibalen gibt. Ob das eine bayrische Tradition sei oder vielleicht wegen der hohen Bevölkerungsdichte, im Zoo von Tel Aviv habe es in einem überfüllten Affenkäfig ähnliche Fälle gegeben. Im Grunde wollte sie wissen, ob ich selber schon, das habe ich gespürt. Sie traute sich nur nicht zu fragen. Ich sagte: »Ein Einzelfall. It is absolutely not common in Germany to eat each other.« Die meisten Deutschen seien strikt gegen Kannibalismus eingestellt, sogar in Bayern, das wüsste ich zufällig genau. Aus dem deutschen Image draußen in der Welt wird auch nie mehr was.

Über Krisen

Manchmal schreibe ich so einen Text wie diesen hier in einer Stunde und bin hinterher happy. Manchmal fange ich am Montag an, rödele den halben Tag, entscheide mich am Dienstag für ein völlig anderes Thema, wieder drei Stunden, bin den ganzen Mittwoch schlecht gelaunt, schreibe am Donnerstag noch mal alles um und gebe am Freitagmorgen, also verspätet, etwas ab, von dem mir die innere Stimme zuraunt, dass es nicht so gut ist, wie ich es gern hätte. Letzteres kommt immer öfter vor. Ich sprach mit einer Kollegin. »Ich bin in der Krise.« Sie sagte: »Mir in meiner Krise hat Creative Writing geholfen.« Also habe ich mit der Homepage des Instituts für Kreatives Schreiben Kontakt aufgenommen. Erstens: Wolfsblut.

Sie sagen dort, dass Schreibblockaden mit einer Art Wackelkontakt zwischen der rechten und der linken Hirnhälfte zu tun haben. »Eine wesentliche Voraussetzung für das natürliche Schreiben ist, dass beide Hirnhälften mitwirken.« Schreiben ist wie Laufen. Wenn beim Laufen nur ein Bein mitwirkt, sieht es ebenfalls unnatürlich aus, solch ein Läufer bekommt kein Honorar. Sie sagen außerdem, dass jeder gute autobiographische Text in drei Schritten entsteht: Erinnern, wiederholen, durcharbeiten. Jetzt die Frage: Wie mache ich das? »Die visuelle Form des Clusterings ermöglicht dem Gehirn die Korrespondenz zwischen der linken und der rechten Hemisphäre.« Zweitens: Flöhe.

»Cluster« heißt Büschel. Beim Clustering, also Büscheln, schreibt man den Begriff, zu dem man eine Kolumne oder auch einen Roman verfassen will, in die Mitte eines weißen Blattes, malt einen Kreis herum und schreibt dann andere Begriffe, die einem spontan dazu einfallen, ebenfalls auf das Blatt, kreiselt sie ein und verbindet sie mit dem Wort in der Mitte. Fertig. Das Büschel ist gebüschelt. Nun muss man nur noch eine fetzige Handlung erfinden, mit den ganzen Begriffen darin. So werden Blockaden gelöst und das gespaltene Gehirn wird mit friedlichen Mitteln wiedervereinigt. Drittens: Hundehaufen.

Zum Beispiel meine Hundeblockade. Wer meine Biographie verfassen möchte, könnte als roten Faden eine Kette von Hundeverunglimpfungs- und Hundeherabsetzungsartikeln wählen, die ich im Laufe meines Lebens verfasst habe. Das kommt daher, weil ich mit drei von einem Schäferhund zerfleischt worden bin. Wenn ich auch nur von weitem einen Zwergpinscher sehe, kriege ich sofort feuchte Hände. Zwar ist mir klar, dass inzwischen längst eine neue Generation von Hunden herangewachsen ist, die mit diesem Verbrechen ihrer Ahnen nicht das Geringste zu tun hat und wirklich nur spielen will, aber ich kann den Tieren einfach nicht verzeihen. Es ist aber nicht die Schuld der Hunde, sondern meine. Ich habe mein Trauma nicht sauber durchgearbeitet. Sobald ein Hund sich nähert, gibt es einen Hirnhälften-wackelkontakt.

Jetzt schreibe ich das Wort »Hund« und kreisele es ein. Dazu fallen mir spontan ein: Hundehaufen, Flöhe, Zerfleischen sowie das Buch »Wolfsblut« von Jack London. Ich verbinde diese Begriffe mit Linien und schreibe mit Hilfe beider Hirnhälften eine Kolumne, in der sie alle vorkommen. Mühelos.

Über Latein

Mein Kind lernt Latein. Und demnächst Altgriechisch. Das finde ich gut.

Diese Debatte kennt man ja. Die Leute kommen und sagen: »Latein und Altgriechisch, das ist doch zu nichts nütze, damit kann man ja nicht einmal in Rumänien eine Pizza bestellen oder den Kontaktanzeigenteil im ›Irakischen Beobachter‹ lesen.« Die Leute sind schlau. Sie denken: Jetzt wird dieser Typ bestimmt das Argument bringen, dass Latein angeblich die Denkfähigkeit schult. Auf dieses Argument sind sie vorbereitet.

Ich aber sage: »Ja. Das stimmt. Latein ist wirklich zu nichts nütze. Das ist das Moderne daran. Latein ist so überflüssig wie Pro 7 oder wie die Weltmeisterschaften im Power Rafting. Unser ganzes modernes Leben beruht darauf, Dinge herzustellen, die zum Überleben oder zum Glücklichsein nicht unbedingt gebraucht werden. Warum werden diese Dinge hergestellt? Nur, weil es ein paar Leute gibt, die Geld oder Zeit dafür ausgeben. Der ganze moderne Lebensstil steckt also im Lateinlernen drin. Wer

Latein kann, der ist jederzeit in der Lage, einen neuen Privatfernsehsender zu erfinden und Millionär zu werden. Bei den Leuten, die in der Schule Computer- oder Psychologieunterricht haben, halte ich das zumindest für fraglich.«

Jetzt sagen die Leute: »Hm. Na ja.«

Bei uns in Berlin herrscht bildungspolitisch eine SPD-Diktatur. Die Kinder sollen sechs Jahre in die Grundschule gehen und ausgerechnet in der beginnenden Pubertät aufs Gymnasium wechseln. Wer das für Quatsch hält, hat fast nur die Möglichkeit, sein Kind auf ein klassisches humanistisches Gymnasium zu schicken. Die SPD hat das für eine antibourgeoise Straf- und Abschreckungsmaßnahme gehalten, in Wirklichkeit ist es ein gigantisches Latein-Förderprogramm. Das Tragikomische am Sozialismus ist ja, das er immer exakt das Gegenteil von dem erreicht, was er will. Lesen Sie Marx. Der Sozialismus will Freiheit, Entbürokratisierung, Reichtum für alle ... Wenn eine sozialistische Partei auftaucht, die sagt: »Wir wollen, dass alle mit dreißig Herzinfarkt kriegen!«, dann trete ich ein. Denn diese Partei wird das ewige Leben garantieren.

Das Tolle am Lateinlernen ist, dass es gleichzeitig links und rechts ist, affirmativ und oppositionell, ähnlich wie früher die Harald Schmidt Show. Wer Latein lernt, sagt einerseits »nein« zum kurzfristigen Zweckdenken, andererseits »ja« zum geheimen Gestaltungsprinzip des modernen Lebens, dem Rumspielen und Spaßhaben.

Ich selber will gar nicht Millionär werden. Ich könnte

es ohne Weiteres. In dem Quiz »Wer wird Millionär?« kann ich immer fast alle Fragen beantworten, außer Klassische Musik oder wenn es zu naturwissenschaftlich wird. Oder man wird Chef irgendwo und verdient sich so die Million. Als Chef verbringt man ein Drittel seiner Zeit damit, verärgerte Mitmenschen zu besänftigen, das zweite Drittel verbringt man damit, seinen eigenen Ärger hinunterzuschlucken, das dritte Drittel geht damit drauf, dass man selber anderen Leuten Ärger bereitet. Das muss man mögen.

Zum Glück bin ich bescheiden. Ich brauche nicht viel. Eine große, helle Altbauwohnung, einen schönen Garten, ein geiles Auto, drei- oder viermal Urlaub im Jahr, vielleicht eine Ferienwohnung, eine kleine Jacht, hin und wieder ein verlängertes Wochenende – mein Gott, mehr muss es gar nicht sein. Wenn du Latein gelernt hast, kriegst du das schon irgendwie.

Über Lebensmittel

Manchmal denke ich an meine Vorfahren. Und an die Wisente, die sie gejagt haben. Das ist gar nicht so lange her. Dann lege ich mich auf den Teppich und spüre die Natur. Es ist Schurwolle. Man hört die Mikroorganismen, wie sie sich in der Schurwolle bekämpfen, wie sie sich paaren und Ausscheidungen haben.

Ich glaube, dass die Natur und die Kühlschränke nach dem gleichen Strukturprinzip organisiert sind. Die meisten Menschen trinken zum Beispiel selten oder nie Tomatensaft. Sobald aber ein Flugzeug startet, laufen im menschlichen Körper geheimnisvolle innere Prozesse ab, deren Ergebnis darin besteht, dass die Passagiere Durst auf Tomatensaft bekommen. Bieten Sie einmal auf einer Party daheim oder bei einem Betriebsfest Tomatensaft an. Die Tomatensaftquote unter den verbrauchten Getränken wird bei drei Prozent liegen. Im Flugzeug dagegen liegt sie bei zwanzig bis vierzig Prozent. Warum?

Bestimmte Lebensmittel gedeihen nur in einem ganz bestimmten Biotop. Außerhalb ihres Biotops verkümmern sie oder gehen ein, wie Tiere oder Pflanzen. Farn braucht Schatten, Pinguine wollen es kühl, Tomatensaft braucht Flugzeuge. Oder Bärenzungen, das sind so Schokoladenplättchen. Die Bärenzunge gedeiht nur in ungelüfteten Altbauwohnungen und in Gegenwart älterer Damen. Am liebsten hat sie Küchenbüfettschubladen. Wenn Sie es mit einer Bärenzunge gut meinen und sie inmitten von jungen Menschen in ein sonniges Loft auf ein Designersofa legen, dann bringen Sie die Bärenzunge um. Sie wird Zungenkrebs kriegen.

Eine andere Methode der Natur heißt »Symbiose«. Manche Lebensformen sind perfekt aufeinander eingespielt, sie bedingen einander – der Haizahnputzerfisch und der Hai, oder die Pasternakenorchidee und der Pasternakenfalter, das ist eine hoch spezialisierte Schmetterlingsart, die sie und nur sie bestäuben kann.

Solch eine Symbiose sind in der Warenwelt die Preiselbeere und das Wildgulasch, der Zimt und der Zucker oder der Tomatensaft und die Worcestersauce eingegangen. Ebenso rührend wie vergeblich sind die Versuche der Worcestersaucenindustrie, auf dem Packungsetikett andere Verwendungsmöglichkeiten für ihr Produkt anzupreisen. Worcestermilchshake? Das hat so wenig Zukunft wie die Ansiedelung von Flamingos am Steinhuder Meer.

Wieso aber wird in Flugzeugen keine Worcestersauce zum Tomatensaft gereicht? Es handelt sich um zwei äußerlich zum Verwechseln ähnliche Unterarten der gleichen Spezies, die sich vermutlich nur in einem einzigen Gen unterscheiden. Gemeiner Tomatensaft lebt in Symbiose mit Worcester, während Flugzeugtomatensaft sich im Laufe der Evolution auf Pfeffer und Salz umstellte, ähnlich, wie der Darwinfink sich den Gegebenheiten auf den Galapagosinseln angepasst hat. Nun ist leider zu beobachten, dass die Urform, der Gemeine Tomatensaft, mehr und mehr vom Aussterben bedroht ist und mit ihm sein Schmarotzer Worcester. Die neue, an das moderne Leben besser angepasste Unterart dagegen verbreitet sich mit Hilfe der Flugzeuge wie Unkraut. Beider Verhältnis entspricht in etwa dem Verhältnis zwischen den Stadttauben und den Wildtauben.

Dies war eine Einführung in die Evolutionstheorie der Lebensmittel.

Über Literatur allgemein

Meine Agentin sagte: »Es gibt drei Themen, die funktionieren in der Literatur immer. Das sind erstens Sex, zweitens Kinder und drittens Tiere.« Ich sagte: »Wenn ein Autor diese drei Themen, alle drei zusammen, in einen einzigen Text packt, dann ist er der Superstar, oder?« Meine Agentin erwiderte: »Es geht aber nicht. Es sind zu unterschiedliche Lesergruppen mit zu unterschiedlichen Niveauvorstellungen und Tabus. Es ist so unmöglich wie das Perpetuum Mobile. Leider.«

Ich dachte: Es war einmal ein Äffchen, das hieß Peter. Es gehörte einem kleinen Mädchen, das hieß Luise. Eines Tages richtete Peter überraschend das Wort an Luise. Er sagte: »Ich hätte zu gerne eine Freundin. So richtig, mit allem, wenn du verstehst, was ich meine.« Luise sagte: »Huch.« Nach einigem Nachdenken fügte sie hinzu: »Da du ein Äffchen bist, wirst du eine zu dir passende Freundin mit allem höchstwahrscheinlich am ehesten im Urwald finden.«

Im Urwald trafen sie Lisa Fitz, die sofort ihre Bluse

aufriss und ihren Rock auszog. Das Äffchen sagte: »Nein.« Später trafen sie im Urwald Susan Stahnke mit ihrem Gymnastikball. Wieder sagte das Äffchen: »Nein.« Noch später trafen sie Daniel Küblböck. Das Äffchen schüttelte schweigend den Kopf.

Luise sagte: »Man muss im Leben auch mal Kompromisse eingehen, weißt du.« Peter schwieg. Dann trafen sie Mswati III., König von Swasiland. Mswati III. sagte: »Ich habe zehn Ehefrauen und habe für sie genau neun Paläste bauen lassen. Darüber, welche meiner zehn Ehefrauen ohne Palast auskommen muss, lasse ich regelmäßig das Publikum von Swasiland telefonisch abstimmen. Die Verliererin muss vor allen Leuten in eine Badewanne voller Kakerlaken steigen. Ich kann meinen Lebensstil nur wärmstens empfehlen. Wenn ihr mögt, seid meine Gefährten.«

Luise fand den König sexistisch. Das Äffchen fand ihn cool. Luise sagte: »Der König von Swasiland oder ich.« Das Äffchen entschied sich für den König von Swasiland.

Das Mädchen weinte. Sie ging allein im Wald weiter. Sie traf eine Raupe, einen verrückten Hutmacher und eine Lachkatze, aber das waren in ihren Augen alles nur abgenutzte Metaphern aus der Kinderliteratur und kein Ersatz für das Äffchen.

Peter hatte es am Hofe von König Mswati schwerer als erwartet, denn das Äffchen war weiß und hatte rote Augen, alle anderen aber waren schwarz. Bei einer besonders schamlosen Orgie rief er einmal ganz laut: »Albino!

Albino! Ich bin ein Albino!« Aber die zehn Frauen des Königs, deren Sinne von den pausenlosen sexuellen Exzessen vernebelt waren, verstanden al vino, al vino, und betranken sich so fürchterlich, dass König Mswati sieben Tage und sieben Nächte lang sexuell enthaltsam leben musste, denn so lange schliefen seine Frauen ihren Rausch aus. Peter wurde vom Hof verstoßen.

In dem Moment wurde mir klar, dass ich ja in einem Café saß, mitten in einem Gespräch. In »Vom Winde verweht« kommen übrigens auch Kinder, Tiere und Sex vor. Es kann also gar nicht unmöglich sein.

Über Literatur speziell

Jeder Schreiber schreibt irgendwie anders. Ich zum Beispiel habe das total vorhersagbare Schreibtempo. Es ist je nach Genre verschieden, aber innerhalb des Genres bleibt es hundertprozentig konstant. Wenn ein Wanderer des Weges kommt und sagt: »Ich brauche einen Artikel, er soll sich im ersten Drittel reimen, er soll um die Mitte herum nachdenklich-sensibel sein, gegen Ende aber einen aggressiv-unversöhnlichen Touch kriegen, und er soll genau soundso lang werden«, dann kann ich das im Kopf sofort ausrechnen – aha, es sind so und so viele Stunden Schreibzeit.

Wenn ich ein Artikelthema ekelig oder irrelevant finde, schreibe ich trotzdem, denn als Lehrer könnte ich auch nicht sagen: »Diesen Schüler finde ich ekelig, den unterrichte ich nicht.« Es dauert aber, weil man zuerst den inneren Widerstand überwinden muss, genau dreimal so lange. Deswegen verlange ich für irrelevante und ekelige Themen ein höheres Honorar.

Die erfolgreichste Schreiberin der Welt ist Joanne K. Rowling.

Das erste Harry-Potter-Buch hatte 335 Seiten, in der deutschen Ausgabe. Dieses Buch habe ich meinem Kind vorgelesen, das war eigentlich eine schöne Erfahrung. Dann kam Band zwei, ein bisschen dicker, mit 351 Seiten. Ebenfalls vorgelesen. Band drei hatte schon 447 Seiten.

Ich dachte: »Manno, jetzt ist aber mal gut.« Als zweites dachte ich: »Das lese ich, obwohl es so lang ist, in drei Teufels Namen vor, um die Liebe des Kindes zur Literatur zu pushen.« Das vierte Harry-Potter-Buch hatte 766 Seiten. Ich sagte zum Kind: »Das ist mir für die Mundmuskulatur jetzt wirklich zu anstrengend. Lies selber.« Ergebnis: Band vier liegt immer noch jungfräulich herum.

Ich mag die Harry-Potter-Bücher. Aber damals habe ich zum ersten Mal gedacht, dass Joanne K. Rowling vielleicht eine Schacke hat. Jeder normal denkende Autor hätte doch aus fast 800 Seiten zwei Bände gemacht. Viele Künstler sind aber psychisch labil, und es gibt die verrücktesten Phobien. In »Spellbound« von Hitchcock rastet Gregory Peck aus, wenn er Skifahrer sieht. In der »FAZ« stand eine Liste der bekannten Phobien, darunter Oktophobie, die Angst vor der Zahl acht, oder Zemmiphobie, die Angst vor Maulwürfen. Joanne K. Rowling kann es offenbar nicht ertragen, wenn das neue Buch kürzer ist als das vorherige. *Bibliophobia brevis.* Das klingt, wenn man es mit der Angst vor Maulwürfen vergleicht, gar nicht mal so exotisch. Band fünf hat 1021 Seiten.

Band 1 und 2 kosteten 14 Euro 50. Band 3 kostete

15 Euro 50. Band 4 kostete 22 Euro 50. Der fünfte Band liegt bei 28 Euro 50. Das teuerste Kinderbuch aller Zeiten. Band 1 passte als Hörbuch auf 9 CDs, dann waren es zehn, dann elf, dann zwanzig, schließlich siebenundzwanzig CDs. Zwei Bände sollen noch kommen. Es ist echt Wahnsinn.

Bei Amazon kann man ein Interview mit Joanne K. Rowling lesen. Sie sagt, dass sie immer schneller schreibt. Band drei hat sie in einem Jahr hingekriegt, das kam ihr damals unheimlich flott vor. Band vier, die knapp 800 Seiten, dauerte nur noch acht Monate. Das heißt, sie kompensiert ihre Phobie durch höheres Schreibtempo. Alle Menschen, die eine Phobie haben, lassen sich nämlich Tricks einfallen, um mit dieser Phobie leben zu können. Männer, die Angst vor Maulwürfen haben, werden zum Beispiel Offiziere bei der Marine.

Über München

Ich kenne München gut. Wenn ich mich aus Berlin dieser Stadt im Flugzeug nähere, wird mir spätestens über Leipzig übel. Was will diese Stadt von mir? Die nervt doch nur. Warum gibt es sie überhaupt? Kann die nicht einfach weggehen, wie Akne? Oder im Boden versickern wie Brauchwasser?

Die Existenz von München ist ein Irrtum der Schöpfung.

München hat etwas Verkommenes. Die Biergärten riechen nach Verdauung und Gärprozessen. Die Volksfeste riechen nach Unflat. Die Menschen von München reden süßlich und lügen, sobald sie den Mund auftun. Hochnäsigkeit, Hoffart, Geldgier, Geilheit und Tücke haben ihre Seelen zerfressen, Leberkäse hat ihre Körper zerstört. Ihre Musik ist indiskutabel, ihre Häuser sind klein und nichtig wie Wichtelhütten, ihr Geist aber hat die Konsistenz von Remouladensoße. Der Fluss von München ist ja nur die Karikatur eines Flusses. Der Fußballverein steht in der Tabelle vorne, weil dies eine Strafe

Gottes dafür ist, dass die Menschen sich von ihm abgewandt haben.

Es heißt: »Die Deutschen lieben München, sie wollen mehrheitlich dort leben.« Unser Volk ist emotional und geistig ganz unten. Moralische oder auch nur ästhetische Maßstäbe besitzt es nicht mehr. Die Hirne der Deutschen sind eine breiartige Masse, die zu den Ohren herausquillt und auf die Hemdkrägen tropft. Deswegen lieben sie München.

Es ist alles völlige Scheiße, Quark und Käse. Wenn ich an meine Altersversorgung denke, muss ich stundenlang schreien. Das tue ich auch, ich schreie stundenlang. Und die Gesundheitsreform? Die Gesundheitsreform ist überhaupt der allergrößte Mist.

Die deutschen Fußballer können auch nichts. Es sind alles Idioten. Nein, Entschuldigung. Es sind Vollidioten.

Und die FDP? Als die regiert hat, hat sie jahrzehntelang Gebirge von Käse, Mist, Schafscheiße und Dreck aufgetürmt. In meinen Augen sind das parfümierte Saftsäcke. Die Grünen? Ach, hören Sie doch auf. Die Grünen sind so dumpf, dass man auch wieder kotzen müsste, wenn man nicht, aus anderen Gründen, sowieso schon stundenlang gekotzt hätte und dementsprechend erschöpft wäre.

Die Regierung ist betrunken. Immerzu. Sie saufen sich morgens die Hucke voll, mittags sind sie dann locker und riskieren eine Lippe.

Die Rentenreform. Die Außenpolitik. Die Bundespräsidentenfrage. Irak. Ostalgie. Standortpolitik. Das Fernsehen. Kultur. Sport. Alles Scheiße.

Wenn ich könnte, wie ich wollte, würdet ihr euch umsehen. Aber ich kann ja nicht, wie ich will. Ihr seid dran schuld.

Und hört auf, an meinen Texten herumzumeckern. Sonst komme ich persönlich zu jedem Einzelnen. Morgens um sechs. Hört endlich mit diesem Indendreckziehen von allem und jedem auf. Wenn jemand nur den leisesten Mucks gegen diesen Text hier sagt, werde ich zum Tier, und das wollt ihr bestimmt nicht erleben. Das garantiere ich. Verdammt noch mal.

Über öffentliche Finanzen

Wieso ist Berlin so klamm?« »Was machen die Berliner bloß mit dem ganzen schönen Geld?« Fragen dieser Art kursieren in der Bevölkerung. Ich möchte sie am Beispiel des Nahverkehrs beantworten.

Erstes Beispiel. Ende 2001 haben wir in Berlin neue Fahrkartenautomaten für S- und U-Bahn eingeführt. Die alten Automaten waren vierschrötige, vernarbte Kerle, sie rochen nach Bier, nachts erzählten sie einander frauenfeindliche Witze. Man konnte mit Maschinengewehren auf sie schießen, in den Münzschlitz urinieren oder eine Meute Louisiana-Bluthunde auf sie hetzen, egal, sie gaben immer Fahrkarten heraus. Die jungen Automaten sind so, wie die Jugend immer ist, das heißt sensibel, kompliziert und schnell beleidigt. Wer eine Fahrkarte will, muss auf mehrere verschiedene Felder des Touchscreens drücken, bei den Alten reichte ein Knopf. Die Alten gaben die Karten mürrisch rülpsend, aber schnell heraus, die Jungen zieren sich unendlich und geben dabei zirpende oder scharrende Geräusche von sich. An jedem

Automaten sieht man jetzt streitende Menschenschlangen. Der Touchscreen reagiert auch nicht gut, wenn der Finger zu trocken ist. Deswegen müssen wir Berliner, wenn wir U-Bahn fahren möchten, vorher den Zeigefinger in den Mund stecken. Diese Veränderung unserer Lebensgewohnheiten hat 35 Millionen Mark gekostet.

Zweites Beispiel. In Charlottenburg wird der S-Bahnhof verlegt, damit man beim Umsteigen zur U-Bahn nicht mehr 270 Meter laufen muss, sondern nur noch 78. Dies dauert Jahre, erfordert zahlreiche Streckensperrungen und weitreichende Rodungen. Möglicherweise schaffen sie es nicht bis zur Fußball-WM 2006. Wenn es aber in Berlin heißt »Möglicherweise schaffen wir dieses oder jenes nicht«, dann bedeutet das im Klartext: Du kannst es vergessen. Diese sportpolitische Maßnahme kostet 20 Millionen Euro.

Nun der Privatsektor. Wir haben an der Ecke so einen Edelitaliener. Da saßen schon immer die Edelberliner an der Tropenholztheke und schnabulierten. Der Italiener ist aber im Laufe der Zeit immer älter geworden, auch in baulicher Hinsicht. Das Tropenholz verlor seinen Glamour.

Dann brannte es beim Italiener. Jetzt baut er um und erneuert alles und hat auch noch den Laden nebenan dazu gemietet.

Nur zur Klarstellung: Ich behaupte nicht etwa, dass er seinen Laden selber angezündet hat. Wer dergleichen behauptet, den möge die ganze Härte des Gesetzes treffen. Alles, was ich sage, ist dieses: Nicht jedes Feuer, das in einem klug geführten Unternehmen ausbricht, bedeutet für das betroffene Unternehmen den geschäftlichen Untergang. Es kann auch ein Glücksfall sein. In so einer Situation kommt es eben ganz darauf an, wie man versichert ist.

In unserer Gegend liegen auffällig viele Läden, die in den letzten Monaten ausgebrannt sind. Ich schätze, vier oder fünf. Jahrelang brennt es gar nicht, dann verschärft sich die allgemeine Wirtschaftslage, und plötzlich brennt es ganz oft. Die Läden brennen aus, sie werden von Meisterhand renoviert, schließlich machen sie wieder auf, schöner denn je und blank poliert. Das ist wohl gemeint, wenn von der »reinigenden Kraft des Feuers« die Rede ist.

Manchmal denke ich: Warum nehmen sie im Berliner Senat nicht ihr letztes Geld, versichern Berlin, Deckungssumme 100 Trilliarden, und dann bricht zufällig ein Feuer aus? Vielleicht in den Sommerferien, wenn sowieso alle verreist sind? Es wäre eine Berliner Lösung für ein Berliner Problem.

Über Orgasmusforschung

Ich schreibe jetzt einen Text über den Orgasmus. Ich tue dies nicht etwa aus freien Stücken. Die Redakteure verlangen es. Immer, wenn jemand mit der Post etwas Sexuelles an die Wochenzeitung »Die Zeit« sendet oder wenn in der Konferenz jemand einen sexuellen Gedanken hat, den man, natürlich in abgeschwächter Form, eventuell für eine seriöse Leserschaft aufschreiben könnte, notiert eine Person, vermutlich der Ressortleiter, in blauer Farbe das Wort »Martenstein« auf das entsprechende Schriftstück, und ich bekomme es in neutraler Verpackung mit Eilboten in die Wohnung gesandt. Ich weiß nicht, warum. Ich bin aus Fleisch und Blut und besitze deshalb an diesen Dingen durchaus ein gewisses Grundinteresse, aber ich habe auch noch andere Hobbys. Ich lese gerne historische Romane. Ich besitze Zierfische. Ich spiele Schach. Noch nie habe ich von der Redaktion der »Zeit« ein Schachbuch mit Eilboten in die Wohnung bekommen.

Es gibt neue Erkenntnisse in der Orgasmusforschung, die ich auf Wunsch der Redakteure hier kurz referieren soll. Dabei beziehe ich mich unter anderem auf das – leider nur auf Englisch vorliegende – Buch von Tim Birkhead, »Promiskuität: Eine Entwicklungsgeschichte des Wettbewerbs unter Spermien«, vor allem aber auf Donald Symons, der in der Zeitung »The Guardian« als »die postmoderne Stimme der modernen Orgasmusforschung« bezeichnet wird. Eines der größten Rätsel der modernen Orgasmusforschung ist das so genannte »Paradoxon des klitoralen Orgasmus«. Der klitorale Orgasmus hat nämlich keinen unmittelbar erkennbaren evolutionären Sinn, wie sonst doch fast alles in der Natur. Die Menschen pflanzen sich auch ohne ihn fort, das ist das Paradoxe daran. Bei etlichen Naturvölkern haben die Frauen niemals im Leben einen klitoralen Orgasmus, weil irgendwelche Naturvölkertabus es sowohl den Männern als auch den Frauen selber verbieten, die dazu notwendigen Maßnahmen zu ergreifen. Sobald aber ein Sexualforscher kommt und es ihnen zeigen will, jagen sie ihn mit großem Hallo aus dem Dorf hinaus.

Die klassische Orgasmusparadoxontheorie stammt von Desmond Morris. In der Urzeithöhle brauchten die Urzeitmänner oft Jahre, bis sie die Existenz der Klitoris überhaupt bemerkten. Es war kalt und dunkel in der Höhle. Sie hatten beruflich viel um die Ohren. Aus Sicht der Urzeitfrau war es sexuell lustvoller, längere Zeit mit einem Partner zusammenzubleiben, der es endlich gelernt hatte, als ständig neue auszuprobieren, die sich wieder nicht zurechtfinden und auch wieder viel um die

Ohren haben. Die Klitoris förderte also laut Morris die Monogamie, was wiederum die Überlebenschancen des Nachwuchses erhöhte. Diese Theorie ist überholt.

Die postmoderne Sichtweise von Donald Symons besagt, dass die Klitoris keinerlei evolutionär notwendige oder biologisch sinnvolle Funktion hat, ähnlich wie der Blinddarm oder das Steißbein, und überhaupt nur aufgrund eines – aus weiblicher Sicht eher glücklichen – Zufalls existiert. Der klitorale Orgasmus sei erlernt, eine zivilisatorische Errungenschaft wie die Schrift, das Schachspiel oder das Boogie-Woogie-Tanzen. Oder wie die »Zeit«! Vielleicht zwingen mich die Redakteure deswegen dazu, über solche Themen zu schreiben.

Über Parks und Grünanlagen

In Berlin, in der Nähe der Kantstraße, liegt der Amtsgerichtsplatz. Guter Platz. Gute Gegend. Wir wohnen da. Der Amtsgerichtsplatz ist ungefähr doppelt so groß wie unsere Wohnung. Unsere Wohnung, wenn wir schon drüber reden, hat 156 Quadratmeter.

Der Amtsgerichtsplatz wird von den Hundebesitzern der umliegenden Straßen seit Menschengedenken als Fäkalienablage- und Hundeverdauungsgedenkstätte verwendet. Das ist schon okay. Irgendwo muss es ja hin.

Sie sehen: Hier spricht ein im Grunde duldsamer Mensch.

Seit Jahren wird die Grünanlage nicht mehr gegossen, sie schneiden die Hecken nur noch einmal pro Sommer. Das ist schon okay, Berlin ist pleite. Der Platz hat sich unter der Julisonne in eine zweite Serengeti verwandelt, mit gelblichen, mannshohen Steppengräsern, verdursteten Baumgerippen, staubigen Hügeln und riesigen Gnuherden, die auf der Suche nach dem letzten Wasserloch brüllend umherirren. Die Klimakatastrophe halt. Schon okay.

Dann kamen Männer von der Stadt.

An drei Stellen der Grünlage stehen verwitterte Schilder, auf denen zu lesen ist: »Geschützte Grünanlage nach dem Gesetz zum Schutze der öffentlichen Grün- und Erholungsanlagen. Verstöße ziehen Geldbußen bis zu 500 DM nach sich.« Die Männer stellten fünf neue Schilder auf. Sie waren doppelt so groß wie die alten, sehr stabil und dreieckig, mit einer stilisierten Tulpe darauf. Der Text war kürzer und dramatischer. »Geschützte Grünanlage. GESETZ VOM 24.11.1997«. Die alten Schilder ließen die Männer stehen. Auch das Steppengras und die Gnuherden beachteten sie nicht weiter.

Jetzt haben wir also acht Schilder. Ich weiß nicht genau, was sie bedeuten, obwohl ich an der Uni gelernt habe, Texte zu interpretieren. Vielleicht ist es so: Früher wurden Verstöße gegen das Grünanlagengesetz, woraus auch immer sie bestehen mögen, mit Geldbußen bestraft, jetzt haben sie die Geldbußen abgeschafft und schreiben dafür GESETZ mit Großbuchstaben. Jedes Schild hat nach meiner Schätzung mindestens 500 Euro gekostet, jetzt rechnen wir die Arbeitszeit der Männer dazu und schon sind wir bei 800, nein 1000, mal fünf, macht 5000 Euro.

Wenn aber der neue Text so wichtig ist, dass sie 5000 Euro dafür ausgeben, warum lassen sie dann die alten Schilder stehen? Denkmalschutz?

Wenn sie auf dem versteppten Hunde-Kot-Platz ein rosa Bassin für Koi-Goldfische angelegt hätten, mit

Springbrunnen – ich hätte gesagt: »Es ist crazy. Aber es hat irgendwie was.« Luxus wäre okay.

Es ist aber kein Luxus. Es ist nicht crazy, sondern irre. Es ist so, als ob wir in unserer Wohnung, die 156 Quadratmeter groß ist, drei Katzenklos aufstellen würden. Wir haben keine Katze. Aber es könnte vielleicht eine zu Besuch kommen.

Jedes Mal, wenn ich die neuen 5000-Euro-Schilder sehe, denke ich: »Wenn ich jetzt anders sozialisiert worden wäre und in einer anderen Peer Group, wenn mein Bildungsniveau niedriger wäre und angenommen, ich wäre drogensüchtig und härter drauf, also, es fehlt im Grunde nicht viel, und ich würde eine Bazooka nehmen, ins Rathaus gehen und den Leiter der Abteilung Gartenbaubeschilderung erschießen, der privat wahrscheinlich ein reizender Mensch ist.« So leicht entsteht Gewalt.

Über Penisvergrößerung

Ich habe früher eigentlich fast nie über meine Penisgröße nachgedacht. Dann habe ich mir einen Computer mit eingebauter E-mail gekauft. Das, was in den Reklame-E-mails, der so genannten Spam, mit am häufigsten angeboten wird, sind Penisvergrößerungen. Das zweithäufigste Angebot sind billige Kredite. Platz drei teilen sich die Internetapotheken und die russischen Bräute zum möglichst schnell Heiraten. In der Werbemail werden für das weibliche Publikum auch Brustvergrößerungen angeboten, aber bei weitem nicht so oft wie der Penis.

Vor dem Computerzeitalter hat nach meiner Erinnerung das Thema Penisvergrößerung gesamtgesellschaftlich nur eine Nebenrolle gespielt. Wissen Sie, wir waren Jungs damals. Wir haben die üblichen Jungsgespräche geführt über die ewigen Jungsthemen. Tabulos. Trotzdem habe ich mich vor dem Computerzeitalter selbst mit meinen engsten Freunden niemals über das Thema Penisvergrößerung unterhalten. Wir setzten in unseren Gesprächen andere Prioritäten.

Vor einiger Zeit war ich mit dem Lyriker Steffen Jacobs im »Shell« am Savignyplatz. Steffen Jacobs erzählte, dass auch er in seiner E-mail häufig mit diesem Thema konfrontiert werde und dass er beginne, die Penisvergrößerung für eine Obsession oder sogar einen Mythos oder zumindest einen Tic des 21. Jahrhunderts zu halten. Er plane dazu ein größeres Prosastück, vielleicht sogar ein Gedicht.

Ich habe mir die Methoden angeschaut. Die eine Firma arbeitet mit einer Art Saugglocke. Das Gerät ist ungefähr so groß wie ein mittlerer Fernseher, es sieht kompliziert und nicht ungefährlich aus, mit Knöpfen, Hebeln und Schläuchen, die Gott weiß wo angeschlossen werden. Man schnallt sich das Gerät irgendwie um. Der nackte ältere Herr, der es auf den Fotos vorführt, lächelt in die Kamera, während das Vergrößerungsgerät sich an ihm abarbeitet. Sein Lächeln wirkt gezwungen.

Ein anderes Unternehmen setzt auf pflanzliche Produkte. Es sind Kräuterpillen und Kräutertees zur Biopenisvergrößerung. Sie haben als Werbeträger ebenfalls einen älteren Herrn. Man sieht, wie er an einem Küchentisch sitzt und lächelnd seinen offenbar lecker schmeckenden Vergrößerungstee trinkt, neben ihm eine junge Dame, womöglich seine Lebenspartnerin oder vielleicht jemand von der Vergrößerungsfirma, die, ebenfalls lächelnd, ein Gläschen Sekt leert.

Wieder eine andere Firma verkauft, ganz konventionell, Hormontabletten. Man bekommt angeblich auch Brust-

behaarung, erotische Motivation und geistige Spann-
kraft davon. Ein Anbieter behauptet sogar, dass er es mit
Hilfe von Meditation hinkriegt. Positives Penisdenken
sozusagen. Man muss allerdings das Geld im Voraus
überweisen.

Den Königsweg zur Penisvergrößung gibt es nicht,
sondern eine sich verzweigende Vielzahl von Denkschu-
len und rivalisierenden Methoden, ähnlich wie bei der
Reform der Sozialsysteme. Möglicherweise funktioniert,
in beiden Fällen, keine einzige Methode wirklich. Falls es
aber doch funktioniert, dann wird am Ende die moderne
Gesellschaft an der einen Stelle etwas größer, an der anderen Stelle dagegen eine Spur kleiner sein, und das hat
sicher etwas Grundsätzliches zu bedeuten. Was es genau
ist, könnte man dann zum Beispiel in das Gedicht hinein-
schreiben.

Über Philosophie

Vor einem Jahr zu Weihnachten habe ich alle Festgeld-
konten und Lebensversicherungen zusammengezählt.
Dann habe ich mir überlegt, was wir zum Leben brauchen. Also, was unverzichtbar ist. Wohnung, Essen, bisschen Urlaub, Gartengeräte, Computerspiele fürs Kind.
Dann habe ich diese Summe genommen, die wir zum
Leben brauchen, und habe davon die Summe abgezogen,
die mein gespartes Kapital mir bringt, wenn ich es in aller
Ruhe verfrühstücke, bei einer vorausgesetzten Lebens-
dauer von noch 540 Monaten. Die Differenz zwischen
den beiden Summen ist das Geld, welches ich unbedingt,
auf Biegen und Brechen, verdienen muss. Es ist überraschend wenig. Ich könnte ohne weiteres als Parkplatz-
wächter oder Kartenabreißer arbeiten. Nein, noch besser:
als Bademeister.

Daraufhin habe ich mein Leben verändert.

Ich lasse meine Haare länger wachsen. Nicht aus modi-
schen oder Geschmacksgründen. Mode und Geschmack
können mir den Buckel runterrutschen. Friseurbesuche

sind mir einfach lästig. Aus dem gleichen Grund rasiere ich mich nur noch unregelmäßig. Ich nehme nur noch Arbeiten an, die mir mit hoher Wahrscheinlichkeit Spaß machen werden. Alles andere lehne ich kommentarlos ab.

Arbeiten, die mir Spaß machen, erledige ich ohne Mühe, gut und zügig, ich spüre das kaum. Ich pflege nur noch sozialen Kontakt mit Leuten, die ich interessant finde. Wenn mich jemand langweilt, stehe ich auf, verabschiede mich höflich und gehe. Networking ist nicht mehr. Ich sitze auch nicht mehr in Konferenzen oder höchstens einmal im Monat. Konferenzen sind wie Kohlekraftwerke, sie erzeugen, bezogen auf den Input, relativ wenig Energie und stoßen gleichzeitig zu viele Schadstoffe aus. Die Konferenzleute wollen klüger wirken, als sie sind. Wen interessiert das, ob Herr Soundso klug ist? Dafür ist meine Lebenszeit zu kostbar.

Ich gebe mir keinerlei Mühe mehr, emotional beteiligt zu erscheinen. Der heutige Journalismus ist zu weiten Teilen sowieso korrupt, das ist jedenfalls meine Meinung. Manchmal gehe ich tagsüber einfach für zwei, drei Stunden in ein Café und lese Short Stories. Das hätte ich früher nie getan. Wenn ich in das Büro zurückkomme, lösche ich zum Spaß alle E-mails, ungelesen. Wenn es wichtig ist, kommt sowieso eine zweite Mail. Abgesehen davon, bemühe ich darum, freundlich zu sein. Ich habe nichts gegen andere Menschen, solange sie mich in Ruhe lassen.

Meine Hypothese lautete: Die Einnahmen werden

auf Grund des veränderten Sozialverhaltens im ersten Jahr um zirka 30 Prozent sinken, in fünf Jahren bin ich arbeitslos und mache bis zur Rente den Bademeister. Das war so durchkalkuliert. Stattdessen sind meine Einnahmen im vergangenen Jahr um 40 Prozent gestiegen, an allen Fronten. Ich weiß, warum. Ich habe positive *Vibrations*.

Wie soll man leben? Ich bin natürlich kein Guru. Aber ich habe Erfahrungen gesammelt. Halten Sie ein paar Jahre das Geld zusammen und die laufenden Kosten niedrig. Danach lassen Sie es ruhig angehen. Überlassen Sie den Herzinfarkt den anderen Typen. Tun Sie nur, was Ihnen Spaß macht. Machen Sie es wie ich, oder wie Harald Schmidt.

Über Politik

Ich könnte reich werden. Ich müsste lediglich eine rechts-konservative Partei gründen. Rechts von der CSU, aber nicht direkt rechtsradikal im engeren Sinn. Nach so was besteht bei den Parteiverbrauchern ein gigantischer Bedarf, wie jede Umfrage zeigt. Rechtskonservative Parteien haben deshalb am Anfang immer mit spielerischer Leichtigkeit Erfolg. Sie scheitern regelmäßig daran, dass ihre Führer fragwürdige Charaktere sind. Rechtskonservative Führungspersönlichkeiten sind immer leicht gaga oder werden kriminell.

Inzwischen ist historisch erwiesen, dass deutsche Konservative nicht in der Lage sind, eine Partei zu managen. Sie sind charakterlich zu labil. Ich dagegen bin anders.

Man müsste eine Gruppe junger Männer sammeln. Frauen kann ich in der konservativen Partei nicht brauchen. Die Männer müssen intelligent sein, reden und organisieren können und gut aussehen. Im Anstellungsgespräch sage ich: »Wir sind ein modernes Dienstleistungsunternehmen. Was zählt, sind Einsatzwille und

Zuverlässigkeit. Eure private politische Meinung ist mir egal.« Öffentlich würde ich erklären: »Verehrte konservative Wählerschaft! Mein Unternehmen stellt Ihnen eine von namhaften Experten zusammengestellte, perfekt funktionierende Partei mit fachlich und menschlich hoch qualifizierten Mitgliedern zur Verfügung. Wir garantieren jedem Wähler auf einer von mir persönlich unterzeichneten Urkunde, dass die Partei sich nicht spaltet. Unsere Kandidaten lassen sich nicht bestechen, nehmen keine Drogen und trinken nur mäßig. Alle Kandidaten für Ministerämter wurden von zwei unabhängigen Ärzteteams auf geistige Gesundheit getestet und besitzen einen ärztlich bescheinigten IQ von mindestens 105. Es besteht somit eine in der Geschichte des deutschen Konservatismus einmalige Chance auf Erfolg.«

Wir würden für Ausländersammeltonnen in den Höfen, harte Strafen für alles, ersatzlose Streichung des Islam und die friedliche Wiedergewinnung von Ostpreußen eintreten, bekämen sofort 20 Prozent und die Koalition mit der CDU. Viele ehrlich begeisterte Konservative würden unserer Partei beitreten wollen. Aber das ginge nicht. Mit ihrer Inkompetenz, ihrem Gagatum und ihrer Streitsucht würden die Konservativen die Partei schon bald kaputtmachen.

Das alles ist übrigens nicht schwer zu erklären. Konservative legen auf Führung beziehungsweise auf ihren Führer extrem viel Wert. Deswegen verkrampfen sie. Sie gehen einfach nicht locker und easy genug an die Führungsfrage heran. Es ist wie bei »Wer wird Millionär«. Günther Jauch sagt: »Wer unbedingt die Million gewinnen will, kriegt sie nie.« Aus exakt dem gleichen Grund wird es auch nie einen rechtskonservativen Führer geben, der nicht einen leichten Schlag ins Debile hat.

Irgendwann bekäme ich sicher Skrupel. Die Ausländer in den Sammeltonnen würden mir Leid tun. Ich hatte ja sogar mal eine türkische Freundin. Dann würde ich die Partei wahrscheinlich an ausländische Investoren verkaufen und mich mit dem Geld nach Mallorca zurückziehen, wo ich in gereiftem Zustand nachdenkliche, selbstkritische Bücher schreibe. Ich würde die Partei allerdings in Topzustand und nur in allerbeste Hände abgeben, denn ich bin Profi. In den Geschichtsbüchern würde stehen: »Er war hoch umstritten, aber innovativ. Und er hatte auch eine sensible Seite.«

Über Praxisgebühren

Ich bin kein Besitzstandswahrer. Ich bin nicht dieser Typ, über den sie alle in den Leitartikeln herziehen. Ich habe die Einsicht in die Notwendigkeit. Als sie die Praxisgebühr einführten, sagte ich: »Früher, wenn ich in die DDR oder in die Disco wollte, habe ich am Eingang ja auch zehn Mark bezahlt.« Ich betrachte die Dinge gern im historischen Vergleich.

Am 4. Januar erklärte Helga Kühn-Mengel, das ist eine SPD-Politikerin, im »Focus« sinngemäß: Akute Notfälle müssen auch ohne Praxisgebühr zusammengeflickt werden. Alles andere sei unsozialdemokratisch. Wenn einer schon röchelt, und du ihm als Arzt erst mal in der Brieftasche herumfuschelst, ist dies nicht im Sinne von August Bebel und Helga Kühn-Mengel.

Außerdem müssen Kinder nicht zahlen, denn sie sind noch so klein. Vertrauen ist gut, Kontrolle ist besser: Kontrolluntersuchungen beim Zahnarzt sind deshalb frei. Und Schutzimpfungen, und Krebsvorsorge, und Schwangere ebenfalls, denn Schwangere sind staatlich erwünscht.

Einige Tage später stand in der Zeitung: »Wer nach einem Arbeitsunfall zum Arzt muss, ist von der Praxisgebühr befreit.« Warum, habe ich nicht kapiert. 2002 gab es 985000 Arbeitsunfälle. Ich habe grob zusammengerechnet und bin darauf gekommen, dass nach einer Woche schon zirka 25 Prozent der Patienten befreit waren.

Am 7. Januar stand in der »FAZ«: Psychotherapieempfänger sind ebenfalls befreit. Am 12. Januar habe ich gelesen, dass es keine Praxisgebühr kostet, wenn eine Frau die Antibabypille verschrieben bekommt. Die Frau soll nicht sagen: »Wir müssen heute ein Kind machen, weil, ich konnte die Praxisgebühr nicht zahlen.«

Am 17. Januar hieß es in der Zeitung: Krebskranke, Aidskranke und Diabetiker sind befreit. Am 20. Januar wurde ergänzend hinzugefügt, dass auch Pflegebedürftige befreit werden. Am 21. Januar kam die Nachricht: Patienten, die dem Arzt während der Behandlung sterben, sind anschließend frei. Wenn aber einem noch Lebenden Gewebe entnommen und mit der Post verschickt wird, das Gewebe aber erst nach seinem Tod beim Gewebeuntersuchungsarzt eintrifft, sei dies ein Sonderfall.

Am 24. Januar wurde verkündet, dass der Psychotherapeut doch etwas kostet, dass für die Pille eine Sonderregel gefunden wird, dass aber der ärztliche Notdienst nichts kostet. Zivildienstleistende seien befreit. Bundestagsabgeordnete dagegen nicht, weil dies der Bevölkerung zur Zeit mental nicht vermittelbar sei.

Am 27. Januar hieß es, dass mehrere Krankenkassen

aus Kulanz die Praxisgebühr für ihre Versicherten übernehmen. Am 16. Februar sagte die Gesundheitsministerin, dass die Praxisgebühr vielleicht wieder abgeschafft wird. Der Kanzler sagte: Nein, doch, sie bleibt.

Am 21. Februar ging ich zur Hautärztin, weil das Gewächs wieder da war. Die Hautärztin sagte: »Meines Wissens gilt die Praxisgebühr zurzeit nur noch für eine einzige Bevölkerungsgruppe, nämlich Personen, die Martenstein heißen. Aber Notfälle sind befreit. Ist nur ein Tipp.« Da nahm ich mein Handy, rief sie an, sie nahm den Hörer ab, und ich sagte: »Aua, aua.« Jetzt bin auch ich frei.

Über Probleme im Haushalt

Ich bin zurzeit nicht gut drauf. Der Mercedes fährt nicht. Er bleibt einfach immer wieder stehen. Ein Mercedes! Ich war in fünf Werkstätten, jede hat für 500 bis 1000 Euro was repariert, aber er bleibt immer wieder stehen. Wenn ich in die Werkstatt gehe und mich beschwere, lachen sie mich aus.

Dann ist unsere Gastherme kaputt. Wir haben in der Wohnung seit Wochen kein warmes Wasser und keine Heizung mehr, die Therme macht Geräusche – so ein Bumm, Bumm, Bumm – und braunes Wasser fließt heraus. Es ist wie beim Mercedes. Jede Woche kommt ein Monteur, repariert, sagt »alles klar«, schreibt die Rechnung, geht, und am nächsten Morgen macht es wieder »Bumm, Bumm, Bumm«.

In Deutschland kann niemand mehr etwas reparieren. Ich habe seit Wochen nicht mehr geduscht. Und dann gibt es noch die Lebensmittelmotten. Sie sind überall. Sie fressen sich durch Plastiktüten hindurch. Sie sitzen im Reis, im Tee, in den Gewürzen. Wir haben alles weggeworfen, Fallen aufgestellt, umsonst. Es liegt an der Ikea-küche, sagen Experten. Die Ikeaküchen haben so Löcher, damit man die Höhe der Regalbretter verstellen kann. Darin sitzen sie. Wir schütten Essig in die Löcher. Aus-sichtslos. Letztlich hilft nur eine neue Küche, sagen die Experten.

Das Kind wollte einen Computer. Ich habe den Com-puter eines Kollegen gekauft. Das Kind sagt, er ist zu poplig. Also habe ich in der »Zweiten Hand« einen Com-puter gekauft, der stark genug ist, um selbstständig einen Atomkrieg zu führen. Den popligen Computer kann ich nicht zurückbringen, weil das Auto kaputt ist, er steht im Flur, und Lebensmittelmotten sitzen darauf. Der neue Computer löscht, wenn man ihn ausschaltet, immer alle Spiele, die auf ihm gespeichert sind. Er funktioniert nur, wenn man ihn Tag und Nacht laufen lässt. Also kom-men jetzt täglich Computerexperten und versuchen, den Computer zu reparieren. Sie nehmen 60 Euro. Sie bekla-gen sich über die Kälte und die Lebensmittelmotten.

So weit mein Privatleben. Nun mein Berufsleben.

Während des Urlaubs unserer Sekretärin sind die Ab-rechnungen all meiner Dienstreisen der letzten Monate verschwunden. Sie sind einfach weg. Um das Geld zu be-kommen, müsste ich mit der Buchhaltung eine mehrmo-natige Diskussion führen. Vor ein paar Wochen hatte ich eine somnambule Phase, in der ich alle Vorschläge für Artikel einfach angenommen habe. Jetzt merke ich, dass ich es unmöglich schaffen kann. Ich kann allerhöchstens die Hälfte der Texte liefern, die ich fest zugesagt habe. Vielleicht zwei Drittel, wenn ich von acht Uhr bis Mitternacht am Schreibtisch sitze. Aber das geht nicht, weil ich mich auch um den Mercedes, die Therme, die Motten, den Computer und all das kümmern muss. Auf dem Flur treffe ich dauernd Kollegen, die mir freundlich zunicken und fälschlicherweise denken, sie kriegen nächste Woche ein Essay, ein Feuilleton oder eine Glosse von mir. Ich aber weiß genau, dass schon bald fürchterlicher Streit ausbrechen wird.

Ich könnte auch krank sein. Oder ein Krieg kommt. Deswegen sage ich mir immer, dass meine Sorgen völlig banal sind. Das ist das Schlimmste. Ich bin schlecht drauf, und es ist auch noch unwichtig.

Über Prüfungen und Examen

Zu den Vorzügen des Alters gehört es, dass man keine Prüfungen und keine Vorstellungsgespräche mehr absolvieren muss. Außer, der Body-Heat-Check ist wieder mal fällig oder der Kalkgehalt in der Außenlymphe wird amtsärztlich gemessen. Die Einzigen, die sich noch für die Leistungsfähigkeit unserer Generation interessieren, sind die Ärzte. Ich finde das gut.

Wir haben aber im Umland einen Garten mit Bootssteg. Der Bootssteg ist quasi eine offene Frage, die Antwort auf diese Frage wäre ein Motorboot.

Also mache ich den Bootsführerschein. Es ist wie beim Autoführerschein, mit Theorie und Praxis. Die Bootsfahrlehrerin heißt Marina. Marina sagt sinngemäß: »Ihr sollt mit den Prüfern nicht diskutieren. Die Prüfer haben Widerspruch nicht gern. Tut einfach, was sie sagen, lernt einfach die Antworten auf die Prüfungsfragen auswendig. Stellt niemals die Sinnfrage.« So sind die Menschen aus unserer Generation aber nicht gestrickt, Marina.

Die Bootsleute haben eine eigene Sprache. Für »eine

Sache in Ordnung bringen« sagen sie »klarieren«, ein Boot leer pumpen heißt bei ihnen »lenzen«, »reiben« heißt »schamfilen«, und so fort. Ein seemännisch korrekter Satz klingt ungefähr so: »Ich habe gelenzt, bis alles klariert war, und nun schamfile ich mir zufrieden die Hände.«

Man könnte für leer pumpen auch leer pumpen sagen. Aber das wollen sie nicht. Manche ihrer Wörter sind sehr schön und würden der Alltagssprache gut tun. »dwars« zum Beispiel heißt »quer«. Ein Dwarsdenker ist ein geistig unangepasster Seemann. »Wahrschauen« heißt »jemanden benachrichtigen«, »Wahrschau!« bedeutet auf See »Gib Obacht!«. Oder ein Seemann sagt dem anderen: »Falls Klaus doch noch anruft, schau mich achtern wahr.«

Bei anderen Wörtern hilft nicht mal die offizielle Definition im Lehrbuch weiter. Zum Begriff »Klampe« heißt es im Buch: »Eine Klampe ist eine doppelarmige Knagge.« Beim Stichwort »Knickspanter« erklären die Autoren: »Alle Halbgleiter sind Knickspanter.« »Schwojen« ist »das Pendeln eines Bootes um seine Muring«. Oder »Lippe«: »Die Lippe ist eine klauenartige Durchführung im Schanzkleid.«

Das muss man alles auswendig können. Und man soll auf keinen Fall die Sinnfrage stellen. In der Prüfung wollen sie wissen, Frage 218: »Wozu dient ein Takling, wozu ein Spleiß?« Ein Takling sichert den Tampen vor dem Aufgehen, die Spleiß dagegen lenzt bei älteren Knickspantern den Tampen der Klampe dwars, aber nur vor dem Schamfilen, niemals hinterher.

Oder sie fragen, welche Lichter man auf einem Boot verwenden darf. Es sind »Lichter, deren Baumuster vom BSH oder DHI zur Verwendung auf Binnenschifffahrtsstraßen zugelassen sind«. Genau so muss das kommen und nicht anders. Wenn man sagt: »Lichter, die amtlich zugelassen sind«, ist das zu laienhaft, und man fällt durch.

In der Praxisprüfung muss man pausenlos reden, damit der Prüfer prüfen kann, ob man die vorschriftsmäßige Sprache spricht. Wenn man vom Steg ablegt, soll man sagen: »Vorspring auf Slip legen. Fahre voraus in die Spring.« Marina empfiehlt, dass wir in der Woche vor der Prüfung immer beim Autofahren reden und beschreiben, was wir gerade tun, damit wir uns daran gewöhnen. »Setze Blinker. Biege links ab. Schalte Radio ein. Kurs auf Büro, halbe Kraft voraus«, und so weiter. Es kommt euch erst mal blöd vor, sagt Marina, aber tut es einfach trotzdem. Stellt nicht die Sinnfrage.

Ich denke mal, der Motorbootführerschein ist die letzte Prüfung, auf die ich mich einlasse.

Über die Rentenversicherung I

Vor ewiger Zeit hat »TV Hören und Sehen«, eine Zeitschrift aus dem Heinrich Bauer Verlag, einen Artikel von mir nachgedruckt. Es ging darin um die Südsee. Monate später kam ein Brief von der Bundesversicherungsanstalt für Angestellte, die sich inzwischen in »Deutsche Rentenversicherung« umbenannt hat. Sie hätten den schönen Artikel über die Südsee gelesen und würden sich fragen, ob ich vielleicht Redakteur bei »TV Hören und Sehen« sei, und zwar einer, der seine Sozialversicherungsbeiträge nicht zahlt. Ich hatte noch nie mit der Rentenversicherung zu tun. Ich hatte keine Ahnung, was die machen.

Ich schrieb zurück: »Ich bin Redakteur bei einer Zeitung in Berlin, dafür gibt es Zeugen.« Außerdem musste ich einen Fragebogen ausfüllen. Sie wollten wissen, ob ich eine GmbH, eine KG, eine Praxisgemeinschaft oder ein Partnerschaftsgesellschaft GbR sei. Ich weiß gar nicht, was das ist. Oder: »Kann ihr Auftraggeber ihr Einsatzgebiet ohne ihre Zustimmung verändern?« Ich denke mal, man würde mich wegen des Einsatzgebietes vorher fragen.

Wochen später kam von der BfA eine Art Rentenbescheid. In dem Rentenbescheid stand: »Sie sind Redakteur in Berlin und bekommen aus diesem Grund später eine Minirente.« Beigefügt war eine Liste aller Arbeitgeber, für die ich jemals tätig war.

Ein paar Monate später kam wieder Post von der BfA. Die Überschrift lautete: »Statusfeststellungsverfahren nach §§7a ff, Viertes Buch Sozialgesetzbuch (SGB IV)«. Sie schrieben, sorgfältige Prüfung habe ergeben, dass ich tatsächlich Redakteur beim Heinrich Bauer Verlag sei. Ich rief bei der BfA an. Ich sagte: »Wenn ich Redakteur beim Heinrich Bauer Verlag wäre, müsste ich das doch wissen. Oder, falls ich geistig umnachtet bin, dann wüsste wenigstens der Bauer Verlag davon.« Außerdem, sagte ich, müsst ihr nur euren eigenen Rentenschrieb lesen. Ihr wisst in Wahrheit genau Bescheid und wollt mich bloß fertig machen.

Eine Frau war am Apparat. Sie sagte: »Wir bei der Rentenversicherung haben zurzeit arbeitsmäßig etwas Luft. Deswegen überprüfen wir bei den Versicherten Ungereimtheiten.« Ich war total sauer.

Wieder Monate später kam der nächste Brief. Er war sehr lang, mit Schreibmaschine getippt und mit der Hand unterschrieben. Der Grundtenor lautete: Da ich bestreiten würde, beim Bauer Verlag angestellt zu sein, müsse es sich bei mir logischerweise um einen selbstständigen

Unternehmer handeln, der in die Pflichtversicherung für Selbstständige hinein muss. Ein weiterer Fragebogen war beigefügt sowie die »Erläuterungen V 024 zum Fragebogen zur Feststellung der Versicherungspflicht in der Rentenversicherung für Selbstständige«. Sie verlangen, dass ich in Zukunft »im Zeitpunkt der Aufnahme eines Auftrags eine vorausschauende Betrachtung vornehmen« soll, und all so was.

Ich rief wieder an. Ich sagte: »Ich bin Angestellter, zahle Sozialversicherung, nebenbei bekomme ich Honorare, für die ich Steuern zahle. Will das denn nicht in euren Kopf hinein? Viele Deutsche leben auf diese Weise!« Die Frau erwiderte: »So eine Konstellation hatten wir hier noch nicht. Ich muss mit der Clearingstelle reden. Sie hören von uns.« Diesem Land bin ich geistig nicht mehr gewachsen.

Über die Rentenversicherung II

Ich hatte einmal etwas über die Bundesversicherungsanstalt für Angestellte geschrieben, die sich anschließend, vielleicht wegen meiner Kritik, in »Deutsche Rentenversicherung« umbenannt hat. Es ging darum, dass die Zeitschrift »TV Hören und Sehen« aus dem Heinrich-Bauer-Verlag einen Text von mir nachgedruckt hat. Seitdem behauptet die Rentenversicherung in einer Kette von zum Teil maschinengeschriebenen, durchweg im Stile des kafkaesken Paranormal-Enigmatismus formulierten Briefen, mein Artikel sei der Beweis dafür, dass ich Redakteur bei »TV Hören und Sehen« bin und Sozialbeitragshinterzieher. Beides ist zutiefst unwahr.

Noch nie habe ich so viel Leserpost bekommen. Eine alleinerziehende Mutter aus Leipzig schrieb, dass die Rentenversicherung von ihr 20 000 Euro unter Berufung auf das Gesetz für Hauslehrer aus dem Jahr 1923 fordert, und sie weiß auch nicht, warum. Hauslehrerin sei sie jedenfalls nicht. Ein Herr Wagner dagegen hat Schwierigkeiten, weil er angeblich seinen Namen eigenmächtig von

»Wagner« in »Wagner« geändert hat. Dies sei unzulässig. Herr Wagner behauptet nun, »Wagner« und »Wagner« sei exakt das Gleiche. Die Rentenversicherung hält dies für eine billige Ausrede.

Dann kam ein Brief vom Sprecher dieser Institution. Es war ein netter Brief. Er schrieb: »Man hat es tatsächlich nicht immer leicht mit uns.« Die Rentenversicherung habe meinen Fall noch einmal geprüft, ich werde demnächst einen abschließenden Bescheid erhalten. Bevor ich antworten konnte, traf der Bescheid ein. Er war lang.

»Nach § 2 Satz 1 Nr. 9 des Sozialgesetzbuchs – Sechstes Buch (SGB VI) sind Personen versicherungspflichtig, die im Zusammenhang mit ihrer selbstständigen Tätigkeit keinen versicherungspflichtigen Arbeitnehmer beschäftigen, dessen Arbeitsentgelt aus diesem Beschäftigungsverhältnis regelmäßig 630,00 DM im Monat übersteigt…« Sie rechnen also noch in Mark. »Ab dem 1.1.1999 besteht keine Versicherungspflicht nach § 2 Satz 1 Nr. 9 SGB VI, weil Sie im Zusammenhang mit ihrer selbstständigen Tätigkeit versicherungspflichtige Arbeitnehmer beschäftigen… Sie sind verpflichtet, uns unverzüglich zu benachrichtigen, wenn Sie keine versicherungspflichtigen Arbeitnehmer mehr beschäftigen. Gegen diesen Bescheid können Sie Widerspruch einlegen.«

Jetzt behaupten sie auf einmal, dass ich Leute beschäftige! Arbeitnehmer! Ich schreibe alles selber, Gott ist mein Zeuge.

Ich habe den Brief meinem Anwalt gezeigt. Er meinte:

»Anscheinend gehen sie jetzt davon aus, dass du, wenn du kein Redakteur bist, nur der Verleger von ›TV Hören und Sehen‹ sein kannst. Sie denken, Heinrich Bauer hat seinen Namen eigenmächtig in Martenstein verändert. Du bist ein ähnlicher Fall wie Herr Wagner.« Wir wollen Widerspruch einlegen. Ich sagte: »Wir laden Heinrich Bauer als Zeugen. Er muss bestätigen, dass er nicht ich ist.« Der Anwalt sagte: »Auf die riskante Frage, ob du Heinrich Bauer bist oder nicht, lassen wir uns gar nicht erst ein. Wir argumentieren damit, dass sie in D-Mark rechnen. Mark oder auch Dublonen sind keine gesetzlichen Zahlungsmittel. Wir argumentieren streng formal, außerdem berufen wir uns auf das Hauslehrergesetz von 1923. Damit kriegen wir sie.«

Über das Riesenrad

Berlin geht so was von den Bach runter. Berlin ist so was von fertig. Wenn ich durch die Kantstraße laufe, jeder zweite Laden steht leer, die Bürgersteige haben Brandlöcher oder Bombenlöcher, ist ja egal, Verfall, Ratten tanzen Tango, wie die Bronx, dabei ist es eine bürgerliche Gegend, jawohl, bürgerlich war es mal, an den Wedding oder an Moabit mag ich gar nicht denken, Ratten groß wie Katzen, und es wird schlimmer, pausenlos, freier Fall, der Dritten Welt entgegen, sollen wir auch nach Kleinmachnow ziehen wie alle Medienfuzzis, oder Mitte, im Bezirk Mitte merkt man nix, Berlin Mitte ist eine Insel, wie ja auch Kairo Mitte.

Stopp jetzt. Ich muss ruhiger werden.

Seit 15 Jahren versuchen sie, in Berlin einen Großflughafen zu bauen. Es klappt einfach nicht. Ständig Probleme und Widerstand. Jetzt haben sie versucht, den Flughafen Tempelhof zu schließen. Sie dachten, wenn wir keinen Flughafen bauen dürfen, dann schließen wir wenigstens einen. Es klappt ebenfalls nicht, Probleme,

Widerstand. Berlin ist die einzige Stadt der Welt, die gleichzeitig versucht, an der einen Stelle einen Flughafen zu bauen und an der anderen Stelle einen Flughafen zu schließen, und der beides nicht gelingt. Es heißt auch in jedem Winter: Eine Skipiste wird in Berlin angelegt oder eine Skihalle wird gebaut, so etwas gibt es überall, sogar in Bochum, aber in Berlin scheitert es, Probleme, Widerstand, ganz Berlin ist ja auch Naturschutzgebiet, in seiner ganzen, nach Kloake, Siff und Verratztheit riechenden Totalität gehört es dem Naturschutz, weil überall seltene Kakerlakenarten hausen.

Jetzt soll in Berlin das größte Riesenrad Europas gebaut werden, größer als in London, 175 Meter hoch, in Kreuzberg, auf einem schrottigen Sumpfgelände neben dem Technikmuseum. Angeblich bringt es Touristen, und 200 Arbeitsplätze. Angeblich werden Menschen aus Okinawa kommen, um in Kreuzberg Riesenrad zu fahren. Dabei singen sie dann: »Kreuzberger Räder sind groß!« Das Geld ist vorhanden. 60 Millionen, von irgendwelchen verrückten Holländern. Sie könnten morgen anfangen zu bauen. Ich sage: »Why not.« Aber es geht nicht. Die Linke, die Grünen und die CDU von Kreuzberg sind dagegen. In der Zeitung steht: »Kritiker befürchten, dass die Gegend zum Rummelplatz verkommt.« Sie müssten diese Gegend sehen, bei Gott. Sie sieht aus, als ob die Amerikaner Napalm darüber abgeworfen hätten oder als ob dort sämtliche Talibankrieger der Welt ihre Notdurft verrichtet hätten, vor dem Napalm oder nachher, ist ja egal. Aber sie soll nicht zum Rummelplatz verkommen! Ich nenne das Wahnsinn. Die ganze Welt verkommt zum Rummelplatz, jeder verdammte Winkel von ihr, bloß nicht das schrottige Sumpfgelände neben dem Technikmuseum. Nein, das entzieht sich als Einziges dem Rummel und gibt sich ganz den Kakerlaken hin.

Die Anwohner befürchten Lärm durch Reisebusse, falls das Rad ein Erfolg wird. Falls das Rad aber ein Misserfolg wird, sagen die Anwohner, dann entsteht Lärm durch Abrissarbeiten. Das ist Berlin. Das ist Berlin! Ich liebe diese Stadt, aber sie macht mich wahnsinnig.

Über Schönheit

Ich habe im Grunde nichts gegen gut aussehende Menschen. Sie sind eine Minderheit, gewiss, doch ich diskriminiere sie nicht. Sie sind privilegiert. Dafür können sie nichts. Im Restaurant oder in der Bahn setze ich mich ohne Ressentiment neben sie und behandele sie höflich. Gut aussehende Menschen sollen, wenn es nach mir geht, auch in Zukunft die vollen Bürgerrechte haben. Sie sehen anders aus als wir, das stimmt, ansonsten aber sind sie ganz normale Leute. Wenn mein eigener Sohn eines Tages zu mir käme mit den Worten »Ich hege die Absicht, mit einem gut aussehenden Menschen zusammenzuziehen, wir lieben einander«, dann würde ich ihn nicht vom Hof jagen und enterben, nein, ich würde sagen: »Okay. Prima. Warum nicht.«

Trotzdem habe ich eine Jazz-CD nur aus dem einzigen Grunde nicht gekauft, weil sie von einer gut aussehenden Frau stammt. Es war die CD von Norah Jones. Ich habe die Kritiken gelesen. Wahrscheinlich mag ich die Musik von Norah Jones. Aber dann habe ich im Plattenladen das

Foto auf der CD-Hülle gesehen und als Erstes gedacht: »Wenn eine Frau, die so aussieht, auch noch singen und komponieren könnte, dann wäre das eine statistisch höchst unwahrscheinliche Mehrfachhöchstbegabung.« Als Zweites habe ich gedacht: »Wenn ihre Musik wirklich gut ist, wozu braucht sie das Foto auf der CD-Hülle?« Als Drittes habe ich gedacht: »Wenn ich mit dieser CD zur Kasse gehe, werden sie im Plattengeschäft denken, dass ich mir die Musik nach dem Covergirl auf der Hülle aussuche. Sie werden mich nicht respektieren. Stattdessen werden sie sich falsche und abwertende Gedanken über mich machen.«

Aus dem gleichen Grund wollte ich mir auch den Roman von Zadie Smith nicht kaufen. Shows, die mit den Fotos ihrer gut aussehenden Moderatoren werben, schaue ich mir grundsätzlich nicht an.

Ich boykottiere Gutaussehendenprodukte. Wenn im Käseregal auf der Camenbertschachtel ein Foto der wohlproportionierten, milchblonden Käserin drauf ist, dann greife ich zur Konkurrenz, auch wenn der andere Camenbert teurer ist und womöglich von einem echsenschuppigen Quasimodokäser stammt. Um ein Zeichen zu setzen, kaufe ich ausnahmslos Literatur, die von schlaffwangigen Männern hergestellt wird, denen Haare aus den Ohren wachsen, oder von raubvogelartigen Damen mit Dutt. Manchmal erkennt man auf dem Coverfoto Eidotter auf dem Jackett, oder sie haben Essensreste zwischen den Zähnen. Nicht alle Bücher, die dieser Personenkreis verfasst, sind gut. Aber darum geht es nicht.

Es ist eine Frage der Selbstachtung. Die Gutaussehenden haben genug Vorteile. Buch-, Platten- und Moderatorenverträge werden ihnen nachgetragen, sie haben Sex, so oft und mit wem sie wollen. Oft suchen sie sich alte, mächtige Lebenspartner, welche sie manipulieren und anschließend beerben. Im Grunde haben die Gutaussehenden alles in der Hand, sie kontrollieren das Land.

Wenn aber eines Tages normal aussehende Rotten mit Fackeln zu den Villen der Gutaussehenden ziehen, wenn sie fordern, Gutaussehende aus den öffentlichen Ämtern zu entfernen und Gutaussehenden-Sonderparagraphen einführen, dann werde ich sagen: Halt. Dann werde ich mit zu den Ersten gehören, die sich schützend vor die Gutaussehenden stellen. Denn ich diskriminiere sie nicht. Ich spreche lediglich unbequeme Wahrheiten aus.

Über Schreibgeräte

Neulich musste ich mal etwas unterschreiben. Neben mir stand zufällig ein erfolgreicher Unternehmer. Vor Aufregung fand ich den Stift nicht. Der erfolgreiche Unternehmer lächelte und reichte einen verschwenderisch mit Goldverzierungen bedeckten Füller. Es ist schwierig, mit so einem Füller zu schreiben. Man muss ihn im richtigen Winkel halten und im richtigen Tempo sowie mit der richtigen inneren Einstellung bedienen. Man darf ihn weder zu fest anpacken noch zu weich, sonst macht er Kleckse.

Der Unternehmer sagte: »Jeder Füller ist anders. Man muss sich an jeden einzelnen gewöhnen.« Füller sind wie Menschen.

Und das soll gut sein? Ist es mit den Menschen denn nicht schwierig genug? Hat unsereins mit den Menschen nicht schon ausreichend Probleme? Muss es das unbedingt zweimal geben? Zwei Martin Walsers, einmal in der limitierten Luxus-Ausgabe »Flesh & Bone« (Echthaar, Echthirn, nachwachsende Fussnägel) und einmal als »The Füller Edition«?

Ich finde, wenigstens die Dinge sollten keine psychologischen Ansprüche stellen. Die Dinge sollen schweigend die Hacken zusammenschlagen und parieren, und zwar in jedem gewünschten Tempo. Wärme und Zuwendung mögen sich die Dinge woanders suchen. Deshalb schreibe ich mit Kuli.

In der Schule durften wir erst in der Oberstufe endlich den kapriziösen Füller weglegen und zum Kuli greifen. Das war schön. Heute sind Füller Statussymbole. Dabei gibt es auch teure Kugelschreiber. 50 Euro für einen Kuli? Kein Problem. Ein teurer Kuli aber nützt fürs Image gar nichts. Ein teurer Kuli ist ungefähr so eindrucksvoll wie eine teure Flasche Weizenbier. Insofern kann man als Kulibenutzer ruhig bei den billigen Kulis bleiben.

Man denkt aus alter Gewohnheit, die reichen Leute hätten ein leichteres Leben als unsereins. Früher war es so. Heute aber ist es anders. Reiche Leute schreiben mühsam mit klecksenden Füllern und bestellen sich bei »Manufactum« teure Nudelmaschinen aus wild wachsendem, mundgeblasenem, handgebackenem Bio-Chrom, um nächtelang schwitzend Nudeln zu machen, die nicht schmecken. Sie kaufen Schuhe aus Zierschwalbenleder, die drei Wochen lang unter barbarischen Schmerzen eingelaufen werden müssen. Sie kaufen Stereoanlagen mit einem so aufwändigen Design, dass du auch nach monatelanger Suche nicht den Startknopf gefunden hast. Faustregel: Je schwerer du es dir im privaten Alltag machst, desto erfolgreicher bist du im Beruf.

Ich dagegen ziehe die pflaumenweichen Billigschuhe im Billigschuhgeschäft sofort an und kaufe Fertignudeln. Zu Hause kann ich mit geschlossenen Augen und mit dem Ellbogen die Stereoanlage einschalten. Es ist alles so wunderbar easy.

Seit fast jeder sich das einfache Leben leisten kann, gilt Bequemlichkeit leider als prollig. Das, was die Forscher »Distinktionsgewinn« nennen und die Nichtforscher »ein geiles Image«, ist nur durch den Verzicht auf Komfort zu erreichen. Du hast als Manager eine 65-Stunden-Woche, und dann musst du zur Strafe mit dem klecksenden Füller schreiben und in deinen kurzen Nächten Nudelmaschinen bedienen. Im Urlaub, wenn das gemeine Volk Cocktails trinkt und auf der faulen Haut liegt, fährt der 65-Stunden-Typ im Himalaya Fahrrad. Als nächstes werden sie in den Villenvierteln den Strom abschalten, und die erfolgreichen Menschen müssen auf ihren Hometrainern den Strom selber backen.

Kein Wunder, dass es mit der Leistungsbereitschaft bergab geht.

Über Schuhe

Unser Kind ist zwölf. Es ist Schuhfetischist. Seine Klassen-
kameraden sind zu einem großen Teil ebenfalls Schuhfeti-
schisten. Deswegen bin ich davon überzeugt, dass in den
kommenden Jahren in unserer Gesellschaft die Bedeutung
des Schuhfetischismus stark ansteigen wird.

Das Kind braucht zum Beispiel Schulsportschuhe. Wir
gehen in ein Schuhgeschäft hinein. Das Kind läuft ohne
das geringste Zögern auf ein bestimmtes Paar Schuhe zu
und sagt: »Diese da.« Es hat sich vorher informiert. Das
haben wir in unserer Kindheit nicht getan. Unsere Generation hat die Dinge mehr auf sich zukommen lassen. Das
Modell heißt »Ronaldinho II Super Star Metallic Turbo
Megadrifter«, es hat Sohlen aus Titan, mit feinen Fäden
aus Sterling-Silber durchwirkt, der Oberbelag besteht aus
finnischem Elchleder, das ausgewählte 80-jährige Indiane-
rinnen im Hochland von Peru durch dreimonatiges Kauen
weichgemacht haben. Jeder einzelne Schuh ist mit den Ori-
ginal-Autogrammen der kompletten brasilianischen Natio-
nalmannschaft verziert. Das Model kostet 869 Euro.

Ich sage: »Du musst dir einen anderen Vater suchen. Nimm Bill Gates.« Ich sage: »Es sollen doch bloß hundsordinäre Schulsportschuhe sein, verdammt.« Das Kind sagt: »Du schreibst Bücher und Kolumnen. Dafür bekommst du Geld. Ist dir das Glück deines Kindes denn gar nichts wert? Nicht das Geringste?« So redet es. Ich sage: »Ich brauche das Geld, um das schadhafte Dach unserer Hütte flicken zu lassen. Ich brauche das Geld für meine Zusatz-Altersversorgung und für unsere Zusatz-Krankenversicherung. Auf gar keinen Fall will ich das Geld für diesen bescheuerten Ronaldinho II Super Star Metallic Turbo Megadrifter ausgeben.« Oh. Jetzt weint das Kind.

Bei den Kindern des beginnenden 21. Jahrhunderts spielt der Schuh die zentrale identitätsstiftende Rolle, ungefähr wie die Haarlänge in den 70er Jahren oder wie die Schokoriegel bei der Generation Golf. Die Haare gab es freilich umsonst, die Schokoriegel waren billig. Die Schuhe hingegen kosten 869 Euro.

Ist Ihnen aufgefallen, dass der erfolgreichste Jugendfilm der letzten Jahre »Der Schuh des Manitu« heißt? Zufall? Ich glaube nicht mehr daran.

Abends vor dem Einschlafen lese ich dem Kind aus »No Logo!« von Naomi Klein vor. Naomi Klein beschreibt, wie Nike oder Adidas in dunklen, heißen Schuhfabriken der Dritten Welt Kinder ausbeuten und den edlen Gedanken der Nachhaltigkeit mit Füßen treten. Die Botschaft von »No Logo!« lautet ungefähr so: Der

Faschismus ist besiegt. Die Pest ist besiegt. Stattdessen haben wir Nike.

Die Welt ist kompliziert. Wenn man zum Beispiel die Firma Nike zum Inbegriff des Bösen erklärt, wie Naomi Klein es tut, dann macht man sie vielleicht erst recht sexy. Das Böse ist ja immer irgendwie attraktiv. Wenn man sich aber permissiv und liberal verhält, was unsereins instinktiv möchte, muss man zur Strafe für die Liberalität 869 Euro bezahlen. Wenn man dagegen kompromisslos für das Gute kämpft und für das Gewissen und gegen das Leid der Kinder in den Schuhfabriken, spart man 869 Euro.

Nach längerer Überlegung habe ich mich entschlossen, kompromisslos für das Gute zu kämpfen.

Über Scientology

Seit einiger Zeit besitze ich »Was ist Scientology?«, einen Querschnitt aus den Werken von L. Ron Hubbard. Ron Hubbards Leute sagen, dass es das Beste enthält, was die Gattung Mensch bisher an Weisheit hervorgebracht hat. Das Deutsch in dem Buch liest sich allerdings wie die Speisekarte von diesem Istanbuler Restaurant an der Galatabrücke, wo sie keine Kreditkarten nehmen. Axiom Nummer eins heißt zum Beispiel: »Leben ist im Grunde ein Statik.« Die Scientology-Lehre fußt auf 58 Axiomen. Axiom Nummer zwei versucht, den Begriff Statik zu erklären. »Das Statik ist zu Betrachtungen, Postulaten und Meinungen fähig.«

Auch mit der Groß- und Kleinschreibung gehen sie sehr frei um. Axiom 24: »Vollkommenes ARK würde das Verschwinden aller mechanischen Daseinszustände zur Folge haben.« Das Gute heißt Theta. »Theta kann Probleme lösen«, Axiom 47. Und zwar so, Axiom 48: »Das Leben ist ein Spiel, in dem Theta als das Statik die Probleme von Theta als MEST löst.«

Ich habe mal für eine Werbeagentur gearbeitet, in der sie genauso waren. Sie haben pausenlos Gagafachausdrücke erfunden, um die Kunden zu beeindrucken. Meine Lieblingsaxiome sind die 37 und die 43. 37 klingt so schön crazy: »Wenn eine primäre Betrachtung abgeändert wird, aber noch besteht, wird Fortbestand für die abändernde Betrachtung erreicht.« Und 43 stimmt irgendwie: »Zeit ist der primäre Ursprung von Unwahrheit.« Die Scientologen geben aber auch konkrete Anweisungen. »Es ist wichtig, dass man nach dem Laufen sofort in die Sauna geht.«

Es ist mir ein Rätsel, wie John Travolta darauf abfahren kann. Warum wird er nicht einfach Buddhist wie der andere Schauspieler oder, noch einfacher, Christ? Von allen heiligen Schriften hat die Bibel immer noch den besten Sound. »Und Gott sprach: Es werde Licht! Und es ward Licht.« SO hat eine Botschaft zu klingen.

Aus irgendeinem Grund habe ich mal irgendwo geschrieben, dass ich die Scientologyaufregung in den Medien übertrieben finde. In dem Artikel stand sinngemäß, dass ich aus dem ADAC austreten wollte und mir der ADAC daraufhin auch eine Menge Stress gemacht hat und dass auch in der Katholischen Kirche gelegentlich Unschönes vorkommt, ohne dass man gleich sagen würde, die ganze Kirche ist eine Päderastentarnorganisation. In der Frage, ob man was verbieten sollte, bin ich eben immer extrem liberal. Daraufhin machten mir die Scientologyopfer wochenlang in einer die Lebensquali-

tät beeinträchtigenden Penetranz die Hölle heiß. Einer
rief um ein Uhr nachts an, um zu schimpfen. Ich dachte:
»Man sollte den Begriff Opferopfer in die politische Debatte einführen. Ich bin ein Scientologenopferopfer.«
Laut aber sagte ich zu dem Opfer: »Sie kommen mir
vor wie die Leute, die 30 Jahre Kette rauchen und dann,
wenn sie Krebs haben, den Zigarettenkonzern verklagen.
Sie sind an ihrer Lage zu 90 Prozent selber schuld.« Da
wurde das Opfer noch wütender. Vielleicht war ich unge-
recht. Das war mir um ein Uhr nachts aber egal.

Über Sex

Mir wurde von einem Verlag ein Buch geschickt. Der Verlag heißt Rowohlt. Das Buch heißt »G. i. B. Gut im Bett«. Ich kenne die Autorin, sie war mal Auszubildende bei uns. Im Klappentext steht, dass sie inzwischen Textchefin bei »Cosmopolitan« ist, zuständig für drei verschiedene Ressorts, erstens das Ressort Sex, zweitens das Ressort Liebe, drittens das Ressort Psychologie. Ich dachte: »Sex, Liebe und den restlichen Psychokram behandeln sie in verschiedenen Abteilungen. Die Cosmopolitan-Redaktion hat exakt die gleiche Binnenstruktur wie das männliche Gehirn.«

Ich hatte noch nie im Leben einen Sexratgeber gelesen. Aber Bücher von Bekannten lese ich fast immer. »Gut im Bett« gehört zu den autobiographisch geprägten Büchern. »Der Blow-Job mit zwei Esslöffeln Basmatireis im Mund – ein Trick, auf den eine Freundin schwört – gehört ganz oben auf meine persönliche Liste der Erotik-Flops.«

Ich glaube, ich kenne auch diese Freundin. Es ist eine

quirlige Brünette mit Strähnchen. Sie gibt auf allen Partys mit der Basmatireisnummer an, aber wenn sie es dann versucht, laufen die Männer schreiend davon. Das weiß inzwischen jeder. Mein Verleger kennt sie auch. Er sagte: »Der Reis ist noch kochend heiß, wenn sie ihn in den Mund nimmt. Aber mit Kritik kann sie nicht umgehen.« Ich sagte: »Statt Basmati soll sie besser Uncle Ben's nehmen.«

Es ist mit das Schwerste, am Verhalten des Partners im Bett Kritik zu üben, ohne diesen anderen Menschen zu kränken. Man soll es laut »G. I. B. Gut im Bett« ungefähr so formulieren: »So wie du es jetzt machst, ist es toll. Noch besser wäre es, wenn du es mal so versuchen könntest.« Konkret: »So, mit dem kochend heißen Basmati, ist es toll. Noch besser wäre es, wenn du es mal mit lauwarmem Uncle Ben's versuchen könntest.«

Das Buch enthält eine Menge Eitketteregeln, damit es beim Sex nicht zu unhöflichem oder rüpelhaftem Verhalten kommt. Zum Beispiel: »Bei Bodenfrost liegt der Gentleman unten, da sich die Damen leicht eine Blasenentzündung holen.« Generell soll man beim Liebesspiel nicht mit positivem Feedback geizen. »Tiefes Stöhnen oder ein ›Oh ja, mach weiter!‹ sind für den anderen ein wertvoller Hinweis.« Man soll zum Beispiel auch öfter mal sagen: »Dein Körper macht mich verrückt. Ich würde zu gern mal sehen, wie deine Wahnsinnsformen in einem Latexkleid zur Geltung kommen.« Das soll immer gut ankommen. Was man nicht sagen soll: »Die unaufgefordert vorgetragene Aufforderung ›Gib mir Tiernamen!‹ könnte den anderen aus dem Konzept bringen.«

Im Kapitel »Richtig fesseln« steht, dass man am besten Seile aus dem Segelshop nimmt. Jetzt denken viele, aha, Fesselspiele sind nur was für Besserverdienende. Keineswegs! »Auch mit Frischhaltefolie lassen sich raffinierte Fesselspiele inszenieren.«

Wenn es im Bett einmal schlecht gelaufen ist, soll man betont gelassen sagen: »Ich habe das Gefühl, dass dir mein Orgasmus nicht so wichtig ist.« Wenn die betreffende Person immer noch nicht begreift, kann man ihr einfach Tiernamen geben, oder ein Fesselspiel inszenieren. Oder man sagt: »Ich würde zu gern mal sehen, wie deine Wahnsinnsformen draußen vor der Tür zur Geltung kommen.«

Über Skifahren

Wir waren skifahren, das Kind und ich. Drei Wochen vor der Abreise sagte ich: »Freue dich. Du wirst eine Kulturtechnik namens ›Wedeln‹ erlernen. Dein Großvater wedelte. Dein Vater wedelt. Nun wirst auch du wedeln. Die Zeit ist reif.« Das Kind antwortete: »Ich will Snowboard lernen und sonst gar nichts.«

Ich bin ein großartiger Skifahrer. Weiß Gott, das bin ich. Skifahren ist wahrscheinlich das Einzige, was ich wirklich verdammt gut kann. Aber diese Fertigkeit ist nichts mehr wert. Skilaufen ist wie Menuett-Tanzen oder Kesselflicken oder Aderlassen. Einst, am Hofe der Könige von Samarkand und des Sultans von Rawalpindi, galt dergleichen als wichtig und sinnvoll. Inzwischen jedoch ist die menschliche Geschichte mit einem Achselzucken darüber hinweggegangen. Früher hatte man, als großartiger Skifahrer, gute Karten bei der Damenwelt, und die Männer bekamen Neidpickel. Heute kannst du dir einen Wolf wedeln, sie schauen gar nicht mehr hin. Skifahren? Etwas für alte Leute. Es ist so verdammt demütigend.

Zwei Wochen vor der Abreise stürzte ich auf einer Treppe. Die Orthopädin sagte: »Bänderriss.« Ich wollte wissen, ob man in diesem Zustand skifahren kann. Die Orthopädin lachte. Das war auch wieder irgendwie demütigend.

Ich versuchte es. Ich stopfte den geschwollenen, blauschwarz verfärbten, stark nässenden Fuß in einen Stiefel hinein und versuchte nur das andere Bein zu belasten, das gute. Ich wedelte einbeinig. Wenn du ein großartiger Skifahrer bist, dann kannst du das. Nach vier oder fünf Stunden fühlte das gesunde Bein sich cremig an. Dann fiel ich um. Einfach so. Der Notarzt kam, besah sich noch auf der Piste den so genannten guten Fuß und sagte: »Sauberer Bänderriss.« Dann schälte er den schlechten Fuß aus dem Stiefel heraus und sagte: »Au Backe.«

Ich bekam Krücken. Ich war jetzt ein Mensch, der eine veraltete Kulturtechnik beherrscht, für die keine Person unter dreißig Jahren sich auch nur im Mindesten interessiert, der aber nicht einmal diese niedrige, dürftige, erbarmungswürdige Tätigkeit mehr ausüben kann, weil er an beiden Beinen was hat. Das ist wahrscheinlich das Demütigendste, was es überhaupt gibt.

Das Kind aber lernte snowboarden. Es boardete snow von früh bis spät. Eines Abends wartete unten am Lift der Snowboardlehrer. Das Kind war gestürzt. Es hatte sich das Handgelenk gebrochen. Doppelt. Die typische Snowboarderverletzung. Wir kamen mit dem Zug zurück, komplett an Krücken und eingegipst. Eineinhalb

Männer, zwei Generationen, zwei, die für ihre Sache alles gegeben hatten.

Das Kind besaß die ultimative Trendverletzung. Die Mädchen in seiner Klasse warfen ihm und seinem Boardergips Blicke zu, für die sie eigentlich viel zu jung waren. Die Jungen bekamen Neidpickel. Ich dagegen hatte eine typische Altmännerverletzung. Skiunfall, das kommt auf der Attraktivitäts-Skala gleich nach Inkontinenz.

Das ist nun mehr als zwei Jahre her. Ich habe seitdem viel Zeit in der Reha und bei der Orthopädin verbracht. Ich habe über das Leben nachgedacht. Das Leben ist im Grunde genau wie das Skifahren. Es geht in hohem Tempo immerzu bergab. Und es macht Spaß. Aber du darfst nicht vergessen, dir von Zeit zu Zeit die Kanten nachschleifen zu lassen.

Über Sommer in der Stadt

Letzte Nacht hatte ich einen Traum. Der Traum war sexuellen Inhalts.

Die auffälligste modische Neuerung der letzten Jahre sind zweifellos die bauchfreien Tops, zumindest, wenn man die Welt mit den Augen eines Herrn mittleren Alters betrachtet. Das bauchfreie Top ist ein gesellschaftliches Phänomen, welches in der weiblichen Bevölkerung zwischen etwa dem zehnten und etwa dem fünfunddreißigsten Lebensjahr an wärmeren Tagen beobachtet werden kann. Auf dem Hermannplatz in Berlin-Neukölln wird das bauchfreie Top noch bis in das sechste Lebensjahrzehnt hinein getragen.

Ein großer Teil der weiblichen Bevölkerung fühlt sich in den bauchfreien Tops eher unwohl. Man sieht, wie sie in den Fußgängerzonencafés instinktiv an sich herumzupfen, wie sie probieren, ihr Oberteil dorthin runterzuziehen, wo es nach Ansicht der Modeleute gerade nicht sein darf, auf die Hüften nämlich.

Das ist leicht nachzuvollziehen. Der Gedanke, ein enges T-Shirt zu tragen, das auf halber Strecke zwischen Brustwarzen und Bauchnabel endet, bereitet Lebewesen, wie wir welche sind, ein gattungshistorisch bedingtes Unbehagen. Man fühlt sich an besonders verwundbaren Stellen besonders ungeschützt. Während die Top-Trägerinnen also in der Fußgängerzone ihre Flips, ihre Smoothies und ihre Shakes trinken, raunt ihnen von weit her die Stimme ihrer Vorfahrinnen zu: »Pass auf. Ein Säbelzahntiger wird kommen. Er wird Dich in den Bauch beißen.«

Alle paar Jahre kommt etwas durch und durch Faschistisches in der Mode heraus – Plateausohlen, mit denen man auf die Schnauze fällt, superenge Hosen, die zeugungsunfähig machen, Intimzonenpiercings und solche Sachen. Nach drei Jahren ist es unmodern, nach fünf Jahren landet es auf dem Flohmarkt, nach zwanzig Jahren kommt das Revival. Erst dann gibt der Modefaschist endlich Ruhe.

In meinem Traum war ich der Oberste Weltdiktator der Modebranche. Ich trug den Titel »Zar, Häuptling, Präsident und Großer Vorsitzender« und hatte ein Käppi aus Leopardenfell auf, wie Mobutu, der Expräsident von Zaire. Ich hielt im Fernsehen eine Ansprache. Die Rede ging so: »Volk! Untertanen! Frauen! Ab sofort gelten bauchfreie Tops als wissenschaftlich widerlegt. Ab sofort werden bauchfreie Tops nicht mehr als Frauenaufbrezelungsmaßnahme eingesetzt, sondern als staatspolitische Strafe. Wer mir, eurem geliebten Präsidenten, widerspricht oder sonstwie unangenehm auffällt, wird zum Tragen eines bauchfreien Tops nicht unter einem Jahr verurteilt. Alle anderen dürfen anziehen, was sie wollen. Der Erfinder des bauchfreien Tops aber hat auf mein Anraten einen längeren Erholungsurlaub in der Inneren Mongolei angetreten.«

In der Weltbevölkerung brach Jubel aus. Um mir, dem Befreier, zu huldigen, zog eine Delegation der allerschönsten Töchter aller Länder zu meinem Palast. Dort verbrannten sie Weihrauch und Myrrhe, wuschen mir die Füße, bürsteten mein Leopardenkäppi und waren mir auf jede nur denkbare Weise zu Diensten. Als ich, in einer Pause zwischen zwei Huldigungen, aus meinem Fenster schaute, sah ich vor dem Palast eine Exfreundin, die mal aus ihrer Wohnung geworfen hat: einen früheren Chefredakteur von mir, Martin Walser, Mobutu und Wiglaf Droste. Sie hatten alle bauchfreie Tops an. Dann erwachte ich und fühlte mich nicht wenig erquickt.

Über Strandverhalten

In der Fitness-Lounge lese ich immer »Fit for fun«. Ich finde die Zeitschrift »Fit for fun« eigentlich ganz interessant.

Die »Fit for Fun«-Rechtsabteilung hat die Frage klären lassen, welche Höchststrafe es in den wichtigsten Ländern für Sex am Strand gibt. Wir reden jetzt hier nicht übers Rumknutschen. Wir reden nicht über ein Paar, das, von der untergehenden Sonne beschienen, dezent hinter einer Düne verschwindet. Wir reden darüber, dass sie es am Sonntag um 15 Uhr 35 direkt neben dem Sonnenschirmausleiher tun. Ich hätte da Hemmungen.

Über fremde Kulturen gibt es viele Klischees. Davon muss man sich beim Thema Sex am Strand frei machen. Man denkt zum Beispiel: »Die Moslems sind sicher die härtesten. Am liberalsten sind die Skandinavier.« Aber das stimmt überhaupt nicht. In Ägypten bekommt man drei Jahre Kerker, das finde ich überraschend wenig. In der Türkei sind es sogar nur zwei Monate. Wieso soll dieses liberale Land nicht reif sein für die EU? Allerdings schreibt die »Fit for Fun«-Redaktion, dass man sich in islamischen Ländern vor der Lynchjustiz höllisch in Acht nehmen muss. Das Paar sollte in der Türkei die sexuelle Angelegenheit auf jeden Fall zügig hinter sich bringen und dann eiligen Schrittes das nächstgelegene Polizeirevier aufsuchen, um dort Schutzhaft zu beantragen.

Dänemark: vier Jahre. Strenger als die Ägypter! In Finnland kostet es pauschal zehn Prozent des Jahreseinkommens. Aber sie sagen nicht, welches Jahreseinkommen. Was passiert, wenn die finnischen Autoritäten, sagen wir mal den Reichfinnen Mika Häkkinen mit einer nahezu mittellosen Armfinnin am Strand des Vesiluontopulku erwischen, beide lediglich mit einer dünnen Schicht Stechmücken bekleidet? Nehmen sie dann den Durchschnitt aus beiden Jahreseinkommen? Oder kommt es darauf an, welche von beiden Personen die Initiative ergriffen hat?

In Spanien, wo sich das Problem wahrscheinlich am häufigsten stellt, wegen Ibiza, ist es am teuersten: 75000 Euro. Haftstrafen sind nicht vorgesehen. Ein Paar, das vor dem Urlaub dem spanischen Staat eine Million Euro überweist, kann also 14 Tage lang am Strand von Ibiza tun, was immer es in der jeweiligen Situation für angemessen und wünschenswert hält.

Deutschland liegt, was die Strenge angeht, im Mittelfeld. Ein Jahr Knast. Na gut, wir kennen die milden deutschen Richter. Letztlich läuft es wahrscheinlich auf zehn Stunden Sozialarbeit im Altenheim hinaus, und auch das erst beim dritten Mal. Legal ist es in Jamaika und Bulgarien. Jamaika – klar, der Kifferstaat. Aber Bulgarien? Am Strand nebenan, in Rumänien, gibt es sieben Jahre. In Bulgarien schlimmstenfalls eine Verwarnung. Der Stalinismus hat das Rechtsgefühl der südostmitteleuropäischen Völker in einen vollkommen verwirrten Zustand versetzt.

Über die komplizierte Rechtslage in den USA gibt es ein Sonderkapitel. Kalifornien: sechs Monate. Kalifornien ist liberal, wenngleich nicht ganz so liberal wie die Türkei. In Idaho dagegen ist es je nach Sexualpraktik gestaffelt, im Falle besonders staatsfeindlicher Praktiken heißt es »lebenslänglich«. Lebenslänglich für Sex! Gott aber, der im Grunde gar nicht so prüde ist, wie man bei uns hier unten denkt, war über das strenge Strandgesetz von Idaho so empört, dass er Idaho vor einigen Jahren von der Küste ins Landesinnere strafversetzt hat. Jetzt haben sie in Idaho keine Strände zum Sexmachen mehr, bloß noch das Gesetz, und ärgern sich scheckig.

Über Swimmingpools

Im Fernsehen lief ein Film über den Verleger Hubert Burda. Er hat privat viel mit Künstlern zu tun, in dem Film wuselte zum Beispiel dauernd Peter Handke um ihn herum. Wenn Hubert Burda eine Idee braucht, macht er einfach eine Bergwanderung. Im Schwarzwald gibt es ja genug Berge. Die Wanderung muss mindestens drei Stunden dauern. In der ersten Stunde ist sein Hirn noch ganz voll mit dem täglichen Bürokram, in der zweiten Stunde wird es im Hirn allmählich besser. In der dritten Stunde kommen aus dem Bergwald wie zutrauliche Rehe die schönsten Ideen zu ihm hingelaufen und fressen aus der Hand. Ich dachte: »Wir fahren nächsten Sommer endlich mal wieder in die Berge.«

Nein: wir fuhren nach Südafrika.

Mein Vater lebte damals in Südafrika. Er und seine Frau hatten sich da unten eine Luxusvilla gekauft. 400 Quadratmeter Wohnfläche und ein Park drumherum. Das Glanzstück der Luxusvilla war der Luxuspool. Er war fünfzig Meter lang. Ein Fünfzig-Meter-

Pool: so etwas gibt es meines Wissens nicht einmal bei Manufactum.

Das Haus gehörte zuvor einer Familie, deren Sohn Schwimmer war. Der Sohn war sogar ein verdammt guter Schwimmer. Der Trainer sagte zu den Eltern: »Bei Gott, er ist das größte Talent, das ich jemals gesehen habe. Dieser Junge kann besser werden als Mark Spitz.« Die Eltern waren aus dem Häuschen und ließen den vermutlich längsten Privatpool südlich des Äquators bauen, nur, damit der Sohn jederzeit ungestört trainieren kann. Über den Pool führt eine geschmackvolle, leicht geschwungene Holzbrücke. Dort also standen die Eltern und sahen voller Stolz dem Sohn zu, wie er schwimmt. Seine Zeiten sollen zeitweise in der Nähe des Weltrekords gelegen haben. Und dabei war er kein einziges Mal gegen einen halbwegs ebenbürtigen Gegner geschwommen, denn ebenbürtige Gegner gab es in Südafrika für ihn nicht.

Bei den Olympischen Spielen durfte er wegen des Boykotts nicht starten. Er trainierte weiter. Er wurde noch besser. Bei den nächsten olympischen Spielen war Südafrika wieder nicht zugelassen. Er trainierte immer weiter. Als die Apartheid zu Ende ging, muss er schon Ende Zwanzig oder Anfang Dreißig gewesen sein. Er versuchte es, aber er schaffte nicht einmal mehr die Qualifikation für die ersten Spiele mit südafrikanischer Beteiligung. Zu alt. Mein Vater sagte: »Die Eltern konnten den Pool auf einmal nicht mehr sehen. Sie hassten ihn regelrecht. Deswegen haben sie das Haus weit unter

Marktwert verkauft. Sie wollten in ein Altersheim ziehen, nach Florida.«

Jetzt müsste natürlich der Sohn des schwarzen Gärtners, der jahrelang den Pool sauber gemacht hat, die Goldmedaille im Schwimmen gewinnen. Dann wäre es eine runde und filmreife Geschichte. Aber die Eltern haben, soweit ich weiß, aus lauter Begeisterung für den Sohn oder aus Angst vor Giftattentaten der schwarzen Terroristen den Pool immer selber sauber gemacht. Ich wollte wissen, ob die Eltern und der Sohn für oder gegen die Apartheid waren. Aber das konnte von den Nachbarn keiner sagen. Sie hätten fast immer nur über den Sohn geredet.

Über Tätowierungen

Falls Sie sich eine Tätowierung entfernen lassen möchten, gibt es eine gute Adresse, das »Laserzentrum Stuttgart«. Stuttgart ist die deutsche Tätowierungsentfernungsmetropole. Sie arbeiten mit drei verschiedenen Lasersystemen, dem »Neodym-Yag«, dem »frequenzverdoppelten Neodym-Yag« und dem »Rubinlaser«. Die drei Laser fräsen sich synchron in die Haut und zerhämmern sie wie Pressluftbohrer. Es sind mehrere Sitzungen nötig. Rund um die Baustelle bildet sich Schorf, der, wenn er das Gefühl hat, genug genervt zu haben, von selbst abfällt. Den Juckreiz ignoriert man am besten.

Ich verstehe nicht, wieso manche Leute sich einen Fehler auftätowieren lassen. Zum Beispiel die Effenberglebensgefährtin Claudia Strunz, mit ihrem berühmten Tattoo »Love never die«. Da lässt man doch vorher jemanden gegenlesen. Dann gibt es noch Michelle Plummer. Michelle ist einerseits ein schöner Name, wegen der Beatles und wegen Michelle Pfeiffer, andererseits klingt »Michelle« für manche ein bisschen prollig.

Wenn man so etwas schreibt, sagen Leute: »Prollig, wie meinen Sie das? Sie hacken wohl gerne auf Unterprivilegierten herum!« Ich antworte: »Es gibt nun mal Leute, die prollig sind oder prolltypische Eigenschaften besitzen, positive, zum Beispiel Offenheit, Freude am eigenen Körper und große Emotionalität, aber auch negative, zum Beispiel lautes Herumbrüllen und übertriebener Drogenkonsum. Wenn Sie es nicht glauben, kommen Sie nach Berlin, ich zeige ihnen die. Wenn Sie allerdings nicht wollen, dass in Deutschland die Wahrheit beim Namen genannt wird, sind Sie ein Feind der Demokratie und gehören bombardiert.«

Man soll nie etwas Negatives über Namen sagen. Das ist eine journalistische Grundregel. Soeben gebrochen. Aber das ist nichts gegen den Fehler von Michelle Plummer, die sich den Fußballernamen »Beckham« für 50 Euro über dem Po hat eintätowieren lassen und dem Tätowierer, der von Fußball keine Ahnung hatte, einen Zettel gegeben hat, auf dem »Beckam« stand, was der Tätowierer dann auch brav eintätowiert hat. Daraufhin schämte sich Michelle Plummer so sehr, dass sie ihren Sommerurlaub abgesagt hat. Mit diesem Po könne sie sich am Strand nicht blicken lassen. Sie sagt, dass sie beim Verfassen des Zettels in Eile gewesen sei, aber der Tätowierer hätte es merken müssen, denn beim Tätowieren hat man Zeit zum Nachdenken. Bei einem Fußballernamen wie »Ruud van Nistelrooy« fällt ein kleiner Fehler nicht auf, sagt sie außerdem, aber »Beckham« kennt jeder.

Sie ärgert sich jetzt, weil sie kein Fan von Nistelrooy ist.

Meinen schlimmsten Fehler habe ich gemacht, als ich Nachtdienst in der Lokalredaktion hatte und eine Fahndungsmeldung von der Polizei kam. Auf dem Weg in die Setzerei habe ich das Bild von dem Bankräuber mit dem Foto eines CDU-Stadtrats verwechselt. »Er macht von der Schusswaffe rücksichtslos Gebrauch«, stand am nächsten Morgen unter dem Stadtrat, der zufällig ein harter Law-and-Order-Mann war. »Ich bin nur eine Aushilfe! Die Setzer hätten es merken müssen!« Das war meine Entschuldigung. Genau wie Michelle Plummer. Die Setzer waren aber alle betrunken und in der Gewerkschaft und hassten den CDU-Stadtrat. Sie feierten den Fehler wie eine Heldentat, obwohl ich sie angeschwärzt hatte.

Wir alle müssen lernen, souverän zu unseren Fehlern zu stehen. Dann müssen wir niemals in Stuttgart etwas weglasern lassen.

Über Telefonieren

Journalisten haben manchmal Geheimnummern, weil sie nicht von verrückten Lesern angerufen werden möchten. Es ist eine statistische Tatsache, dass etwa 0,2 Prozent der Menschen, die dies jetzt gerade lesen, unzurechnungsfähig sind.

Solche Leute rufen am Samstag um 23 Uhr 10 bei einem Autor an, um mitzuteilen, dass ein Komma nicht gestimmt hat. Diesen Personenkreis pflege ich auf eine so hemmungslose Weise mit verbalem Unflat zu überhäufen, dass ich vor mir selber erschrecke. Es hat nie jemand gewagt, ein zweites Mal anzurufen. Ich brauche keine Geheimnummer.

Aber viele Frauen in meinem Bekanntenkreis haben Geheimnummern. Wegen der Sittenstrolche. Ich bezweifle keineswegs, dass es Sittenstrolche gibt und dass von diesen eine belästigende und Angst einflößende Wirkung ausgeht. Trotzdem scheint mir zwischen der gewaltigen Zahl der Frauen mit Geheimnummer und der nach den Gesetzen des gesunden Menschenverstandes relativ begrenzten Zahl der Sittenstrolche ein Missverhältnis zu bestehen, das zu denken gibt.

Jede zweite Frau, die ich kenne, hat eine Geheimnummer. Entweder ist also jeder zweite oder dritte Mann, dem ich begegne, ein Sittenstrolch, der nach Feierabend sexuellen Terror ausübt. Dies fände ich stark beunruhigend. Oder aber die Strolche sind eine kleine Gruppe, die Sonderschichten schiebt ohne Ende. Jeder Einzelne von ihnen hat eine 100-Stunden-Woche und bestrolcht – neben dem Job! – achtzig bis hundert Frauen. Auch das passt mit meinem Menschenbild nicht zusammen. Oder aber Geheimnummern sind ein Statussymbol. Gewisse Frauen versuchen sich mit Hilfe einer Geheimnummer eine geheimnisvolle Aura zu geben. Oder sie machen auf Opfer. Alle Menschen wollen immerzu Opfer sein. Opfersein ist ein Megatrend.

Wenn ich das sage, bekomme ich häufig Ärger. Einmal habe ich auf einer Party gesagt: »Ihr seid doch alle in Wirklichkeit keine echten Opfer.« Die anderen sind kopfschüttelnd von mir weggegangen.

Ich stelle mir einen Sittenstrolch vor, der zu Hause im Telefonbuch blättert, um jemanden zum Belästigen zu suchen. Ich kann mir nicht vorstellen, dass Strolche wirklich so arbeiten. Ich meine, auf gut Glück. Auch der Strolch hat doch sicher einen bestimmten Typ, auf den er abfährt, ein anderer Typ lässt den Strolch kalt. Ein Freund sagt: »Es sind oft Handwerker. Sie reparieren was und notieren unauffällig die Nummer.« Da würde ja ein Heimwerker-

Kursus gegen die Strolche viel eher helfen als eine Geheimnummer. Geheimnummern sind eine Kommunikationsmode.

Seltsamerweise hört man selten was von unsittlichen Belästigungen per SMS. Obwohl es die so genannten Four-Letter-Words gibt, die kinderleicht zu simsen wären. Die Sittenstrolche könnten auch »Ahhh! Ja! Jetzt!« simsen. Aber das ist ihnen zu abstrakt. Simsen ist vermutlich die historisch erste Form der Kommunikation, die nur selten von Strolchen missbraucht wird.

Über Theater

In Zukunft möchte ich mich von Zeit zu Zeit grundsätzlich zum Zustand der Künste in Deutschland äußern. Teil eins: das Theater. Ich gehe nur noch selten ins Theater. Weil, es ist immer das Gleiche. Auch die Almodóvarfilme sehen sich untereinander ähnlich, aber beim Theater ist es extremer. Ich habe fünf Frank-Castorf-Inszenierungen gesehen, meiner Ansicht nach war es fünf Mal das gleiche Stück. Als Koch, Friseur oder Kolumnist musst du versuchen, dir für die Kundschaft ständig was Neues einfallen zu lassen. Zum Beispiel ein neues Wort wie »Schrumpfpürzel«. Theaterregisseure stehen nicht unter diesem Druck. Außerdem sind die meisten Inszenierungen so anstrengend, dass es mir wie ein Fitnesstest vorkommt. Die Regisseure sagen: Wir verweigern uns den Erwartungen, sind unbequem, Revolutionäre. Wer dreißig Jahre lang bei guter Bezahlung das Gleiche macht, kann doch wohl unmöglich unbequem oder ein Revolutionär sein. Außerdem geht heutzutage jeder Mensch ins Theater mit der Erwartung, dass sie das, was sie, irrtümlicherweise, für die Erwartung des Publikums halten, garantiert nicht erfüllen.

Ein Freund, der sich auskennt, hat mich in ein Stück mitgenommen. Es hieß »Pablo in der Plusfiliale«. Der Regisseur wird, sagt der Freund, wahrscheinlich bald Nachfolger von Castorf, weil Castorf sich inzwischen langweilt und nur noch deswegen zur Arbeit ins Theater geht, weil ihm zu Hause die Decke auf den Kopf fällt. In dem Stück liefen Schauspieler umher, darunter mehrere gut aussehende und dünn angezogene Frauen, und schrien mit aller Kraft theoretische Texte über die Globalisierung, über Sexualität und all das. Dazu wurde laute Musik gespielt, zum Teil Oldies. Es hatte Power, das gebe ich zu, außerdem gefallen mir Stücke mit gut aussehenden Schauspielerinnen darin sowieso immer eine Spur besser als Stücke, die auf den Einsatz von gut aussehenden Schauspielerinnen gänzlich verzichten. Der Freund sagte, das Stück sei antikapitalistisch. Ich sagte, dass ich inwendig von antikapitalistischer Kunst voll bin wie ein Schwamm, den man in die Badewanne geworfen hat. Ich habe, alles in allem, fünf Jahre meines Lebens mit dem Betrachten von antikapitalistischer Kunst verbracht. Dabei war ich sowieso kapitalismuskritisch. Von Anfang an. Was wollen die Künstler überhaupt von mir? Aber andere Kunst gibt es praktisch nicht. Kunst muss gegen das Bestehende sein, das Bestehende ist halt der Kapitalismus. Das, was nicht gegen den Kapitalismus ist, heißt »Journalismus«. Weil ich dem Kapitalismus gegenüber

sowieso skeptisch eingestellt bin, hat die moderne Thea-
terkunst mir nichts zu sagen, sie kommt mir berechenbar,
affirmativ, öde und fad vor, denn ich verlange von der
Kunst nicht Bestätigung, sondern etwas anderes, Weisheit vielleicht oder dass sie mich an einer ungewohnten
Stelle auf originelle Weise berührt. Ich kann auch keine
Sexualität auf der Bühne mehr sehen. Ich habe, alles in
allem, in meinem Leben vier Monate lang Bühnensexua-
lität gesehen, ich bin damit gefüllt wie ein Schwamm mit
Wasser. Das moderne Theater ist in meinen Augen ein
Schrumpfpürzel. Dann gingen wir in ein russisches Lokal
und haben uns betrunken.

Über Urlaub

In den Sommerferien würden wir also gerne nach Vietnam fahren. Da fährt jetzt jeder hin. Kuba ist schon fast wieder vorbei.

Ein gutes Land muss als Ziel relativ frisch sein, es muss eine fundierte Dienstleistungsgesinnung plus Laisser-faire-Gesinnung geben, günstige Preise natürlich, schöne Natur und schöne Menschen. Das sind dann die Mainstream-Modeziele, wie in den 70er Jahren Griechenland und in den 80ern Thailand oder zuletzt Kuba und Südafrika.

Daneben gibt es die Special-Interest-Modeziele, zum Beispiel in den 70ern Portugal für Linke und Nepal für Klaus den Kiffer, in den 80ern Irland für Naturburschen oder Tunesien für Schwule. Sage mir, wer du bist, und ich sage dir, wo du hinsollst. Ich denke mal, dass Klaus der Kiffer in Irland keine gute Zeit hätte und wenn er sich noch so anstrengt.

Als Nächstes kommt Burma. Burma hat alles, was ein gutes Land braucht. Es muss nur noch die Regierung wechseln. Irak dagegen – ich weiß nicht. Karge Landschaft. Strenge Religion. Viele Schnauzbärte. Alles in allem wird das touristisch gesehen immer ein problematisches Land bleiben, der Irak, auch ohne Krieg und IS.

Das klingt jetzt zynisch für Sie, stimmt's? Sie denken: Das sind doch Menschen, die in den ganzen Ländern leben. Für den einzelnen Menschen ist sein Land einzigartig, eine emotionale Kostbarkeit etcetera. Dieser Typ redet über sie, als seien es Biermarken. Ja, gut. In gewisser Weise haben Sie Recht. Es sind Menschen. Aber man redet doch von der Tourismusindustrie. Eine Industrie stellt was her und verkauft was. Da wollen wir mal bitte nicht so tun, als ob das nicht so wäre.

Es müsste Länder-Hitparaden geben, die Wahl zum »Land des Jahres« oder Listen, wo Reiseexperten den Ländern Sternchen geben, wie man es bei Filmen und Restaurants macht. So was fände ich als Verbraucher okay. Das ist natürlich bitter, wenn ich, sagen wir mal, Usbeke bin und Usbekistan kriegt von den Experten nur ein Sternchen. Da fühle ich mich in meinem Usbekenstolz gekränkt. Klar. Andererseits weiß ich dann, dass es nicht nur an den schlechten Flugverbindungen liegt, wenn im Hotel »Usbekischer Hof« der Tourismus nicht brummt.

Oder man macht ein »Reise-Quartett«, nach dem gleichen Rezept wie das Literarische Quartett. Ein Traveller, eine Bildungsreisende und ein Dandy mit weißen Schuhen streiten sich über ein Land. Als Überraschungsgast kommt zum Beispiel ein Sextourist. Ich würde das an-kucken.

Jetzt aber Belgien. Über Belgien gibt es diese Karika-tur. Ein Paar sitzt im Auto, und sie sehen das Verkehrs-schild, auf dem ein Mann mit Schlapphut ein Kind an der Hand führt. Der Fahrer sagt: »Mist, wir haben uns ver-fahren, wir müssen in Belgien sein.«

Die Belgier haben ähnliche Imageprobleme wie die Deutschen. Seit einigen Vorfällen vor ein paar Jahren denken viele Menschen bei Belgien immer noch automa-tisch »Kinderschänder«. Vielleicht sind Sie Belgier und sagen jetzt: »Unverschämtheit! Ich habe damit nichts am Hut!« Ganz ruhig. Was soll ich denn sagen? Bei mir den-ken viele im Ausland automatisch »Nazi«, und glauben Sie mir, mein lieber Herr Belgier, ich habe damit auch nichts am Hut. Was sind Sie lieber, Kinderschänder oder Nazi? Daran musste ich denken, als in den Nachrichten kam: Deutschland, Frankreich und Belgien wollen militärisch enger zusammenarbeiten. Wir und die Belgier haben ein gemeinsames Schicksal, da war es nur ein Frage der Zeit, bis ein deutsch-belgisches Bündnis zustande kommt.

Über den Wannsee

Das Strandbad Wannsee ist angeblich das größte Binnenstrandbad Europas; so steht es von Alters her in den Reiseführern geschrieben. Es ist ausreichend groß, um die komplette Bevölkerung einer Kleinstadt darin einzutunken, und hat die entsprechende Menge Strandkörbe. Außerdem stand es Pate für den berühmtesten Strandbadhit der deutschen Geschichte, »Pack die Badehose ein« von Conny Froboess. Sprachkritiker werden an dieser Stelle einwenden, dass es heißen müsste »es lag Pate«, denn stehen kann ein Strandbad ja nicht.

Im Spätsommer hat das Strandbad Wannsee meistens ein Algenproblem. Dann stinkt es ein bisschen. Wenn man aber die beiden Nasenlöcher mit zwei Papierkügelchen gründlich verschließt, dann könnte man sogar noch im Spätsommer denken, man sei irgendwo am Meer, vor allem, wenn man vor dem Schwimmbadbesuch schon ein bisschen was getrunken hat, und das sollte man wohl tun.

Während des Sommers ist das Strandbad Wannsee der

wichtigste soziale Treffpunkt der beiden wichtigsten sozialen Gruppen der Stadt, nämlich des Berliner Proletariats und des Berliner Subproletariats. Diese beiden Gruppen rivalisieren seit Menschengedenken um die Vorherrschaft in der Stadt, sie mögen einander nicht und tragen ihren Streit mit Vorliebe am Wannsee aus. Das Proletariat kann sich einen Strandkorb leisten, dank hundert Jahren SPD und Gewerkschaft. Es trinkt an der Strandbar Cocktails oder Guavensaft, es trägt Brillies im Ohr oder im Bauchnabel und kommt sich Gott weiß wie wichtig vor. Aber es ist in Wirklichkeit eine absterbende Klasse, es hat längst die kulturelle Vorherrschaft eingebüßt, denn es ist schlaff und selbstverliebt geworden. Die Proletariermänner gehen schon mit Anfang dreißig figürlich in die Breite, die Proletarierfrauen haben sich mit Anfang dreißig ihren Busen künstlich vergrößern lassen.

Das Subproletariat sieht einfach besser aus. Der Subproletarier geht jeden Tag sechs Stunden ins Fitness-Studio statt zur Arbeit, er hat deshalb noch mit sechzig einen Waschbrettbauch. Der Busen der Subproletarierin ist durchtrainiert, kakaobraun und stark eingeölt, beim Gehen tropft er und macht ein rhythmisches Geräusch, so ein sinnliches Quapschen. Dann muss der Proletariermann der Subproletarierin hinterherschauen, es geht einfach nicht anders, und er kriegt Ärger mit seiner Frau.

Das Proletariat denkt, mit Geld könne man alles kaufen. Aber Schönheit kann man mit Geld nicht kaufen, die kann man sich höchstens erarbeiten.

Das Subproletariat sitzt auf Handtüchern und hört aus waschmaschinengroßen Radios Modern Talking. Es trinkt Bier, denn wer viel Sport treibt, kann sich das figürlich leisten. Alle Subproletarier tragen aufwändige Tätowierungen, auch an Stellen, wo man im Traum nicht damit rechnet, manche haben Tätowier-Fachzeitschriften dabei und diskutieren mit vielen Spezialausdrücken über die neuesten Trends. Die Tätowierungen sind in letzter Zeit meist fernöstlich angelegt, sie haben mit Yin und Yang und Zen und Dragon Ball und den vielschichtigen Philosophien des Ostens zu tun, denn der Subproletarier reist viel und interessiert sich für fremde Kulturen, sofern sie sich tätowieren lassen.

Außerdem gibt es im Strandbad Wannsee drei weitere soziale Gruppen, und zwar die Türken, die Schwulen und die Kindseltern. Diese drei Gruppen haben nicht so viele Probleme miteinander, weil sie sich klugerweise aus dem Weg gehen. Die Schwulen haben sich früher zum Anbandeln auf einer bestimmten Dachterrasse getroffen, dieses Gebäude wurde wegen Einsturzgefahr geschlossen. Die meisten Bauwerke des Strandbads leiden nämlich unter akuter Einsturzgefahr sowie unter galoppierendem Zerbröseln und Überwuchertwerden. Das Strandbad zerfällt allmählich. Die Stadt hat kein Geld dafür. Es erinnert von Jahr zu Jahr mehr an die im Sand halb versunkenen Bunker des ehemaligen Westwalls an der französischen Atlantikküste. Die Subproletarier finden das gut, sie sagen: »Hier sieht's aus wie in Level 3 von Dragonball

Destroyer.« Die Proletarier dagegen schreiben Beschwerdebriefe an ihre SPD-Bezirksverordneten.

Seit die Schwulen ihre Terrasse nicht mehr haben, mischen sie sich unter die Subproletarier. Beide Gruppen sind wegen ihres hohen Grades an Durchtrainiertheit äußerlich nicht leicht zu unterscheiden. Die brauchbarste Faustregel lautet: Ein Mann, der mehr Intimzonenpiercings als Tätowierungen aufweist, ist wahrscheinlich schwul. Ein Mann, der mehr Tätowierungen als Intimzonenpiercings aufweist, ist wahrscheinlich ein heterosexueller Subproletarier.

Es ist nahezu unmöglich, im Strandbad Wannsee zu ertrinken. Bis das Wasser so tief ist, dass es zum Ertrinken reicht, muss man erst einmal vier oder fünf Kilometer weit durch das Flache waten. Deswegen hat der Wannsee schon viele Leben gerettet. Denn so mancher Lebensmüde ist auf dem langen Fußmarsch anderen Sinnes geworden, er watet zum Beispiel auf dem Weg ins Tiefe an einer wunderschönen Frau vorbei, dann an einem lächelnden indischen Süßwasserguru, dann an einem Headhunter, der ihm einen Super-Job anbietet, bis er denkt: »Ach, das Leben ist ja doch ganz okay«, kehrt macht und dem Freitöterverband eine Austrittserklärung schickt.

Aus dem gleichen Grund, wegen seiner Seichtheit, lieben auch die Kindseltern den Wannsee. Erst, wenn die Kindseltern den Kindern das Schwimmen beibringen möchten, wird es schwierig. Die Kinder schaffen mit ihren kleinen Beinchen den Weg ins Tiefe einfach nicht.

Sie bleiben am Ufer, und wenn sie zehn sind, können sie zwar nicht schwimmen, aber sie wissen alles über Piercings.

Mit den älteren Türken aber verhält es sich so. Die älteren Türkinnen betreten das Bad mit Kopftuch und komplettem Türkinnenoutfit, sie setzen sich in diesem Zustand unter einen Sonnenschirm, ziehen umständlich die Schuhe, manchmal sogar die Strümpfe aus und schauen stundenlang zu, was im Bad so abgeht. Ihre älteren Männer suchen ohne langes Zögern den Nacktbadebereich auf. Dort setzen sie sich ebenfalls unter einen Sonnenschirm und betrachten die Nackten, während sie unermüdlich ihre kleinen Perlenketten durch die Finger gleiten lassen. Was ihnen dabei durch den Kopf geht, weiß Allah allein. Gelegentlich vertreibt sie der Bademeister, dann gehen sie zu ihren Frauen und essen eine von den Frauen in der Zwischenzeit hergerichtete Kleinigkeit. Anschließend schlendern sie zu den Nackten zurück.

Gegen 20 Uhr leert sich das Bad. Die Proletarier beschimpfen die Subproletarier, weil sie ihren Müll liegen lassen. Gelegentlich zieht ein Subproletarier mit einer Proletarierfrau ab, die er erobert hat, aber nie ein Proletarier mit einer Subproletarierfrau. Alle fahren nach Hause. Was dort passiert, kann man sich ja denken.

Über Wochenendhäuser

Jetzt sage ich Ihnen mal etwas Grundsätzliches. Die meisten Menschen sind Sklaven ihrer Triebe und von schwer auslotbaren subkutanen Strömungen. Sie sind schlimmer als die Tiere. Jetzt denken Sie sicher: Das weiß ich doch längst. Oder Sie denken: Super! Was soll daran schlecht sein? Aber wir reden hier nicht über Sex. Wir reden über Wochenendhäuser.

In Berlin besitzt jetzt fast jeder, der es sich leisten kann, ein Wochenendhaus. Das geht so. Man kauft für 50000 bis 100000 Euro irgendwo im Umland eine schmutzverkrustete Ruine aus den Restbeständen der Landwirtschaftlichen Produktionsgenossenschaft Pasewalk. Zu den Freunden sagt man: »Die Fahrt dauert, wenn's gut geht, nur eineinhalb Stunden.« Gewiss. Es geht aber nie gut. Solche Fahrtzeitangaben sind ähnlich zu beurteilen wie die Billigpreisknüller der Fluglinien. Theoretisch könnte man für 19 Euro nach Santa Monica fliegen, nur in der Praxis klappt es nie.

Die nächsten zwei bis drei Sommer ihres Lebens können diese Menschen aus ihrer Biographie streichen. Während der immobilienlose Lebenskünstler am nahen See Romane liest oder in fernen Ländern interessante Erfahrungen macht, ärgern sich jene mit uckermärkischen Handwerkern herum, geben – immer! – doppelt so viel Geld aus wie erwartet und bekommen Beziehungsprobleme. Besonders beziehungsgefährdend: Wenn ein Paar das Ganze bereits beim Eigenheimbau am Hauptwohnort erlebt hat.

Wer sich entsprechend ernährt, darf auf zirka 70 Sommer hoffen, die er oder sie in gesundem, erwachsenem Zustand verbringt. Tut mir Leid, die brauche ich alle selber. Davon kann ich keine zwei oder drei an die Handwerker in der Uckermark abgeben.

Nun also wird man zur Einweihung eingeladen. Das Haus ist natürlich wunderschön, die Gegend ist paradiesisch, die Gastgeber sind stolz, und so weiter.

Die sexuelle Leidenschaft eines frisch verliebten Paares, so sagt man, kühlt nach vier bis sieben Jahren ab. Die Leidenschaft, bei wechselhaftem Wetter drei Stunden lang in Richtung auf ein ungeheiztes Haus in ländlicher Umgebung zu fahren, erkaltet nach meinen Beobachtungen deutlich rascher. Man muss arbeiten, man hat nicht immer Zeit, man will auch mal was anderes sehen, die Kinder wollen nicht mitfahren, der Wetterbericht hört sich an wie das dritte Buch Hiob, und so weiter.

Jetzt bieten die Besitzer das Haus im Freundeskreis an wie Sauerbier. Sie denken: »Wir nutzen es im Moment nicht so oft. Aber später. Im Alter.« Als ob man als alter Knabe Lust hätte, in der Uckermark zu leben. Da ist es doch viel zu kalt für die alten Knochen.

Verkaufen? Das Geld, welches man in das Haus hineingesteckt hat, kriegt man nicht annähernd wieder. Es ist immer so. Wenn man mal ehrlich und ohne Selbstbetrug rechnet: Statt in das Haus zu fahren, hätte man die 20 oder 30 oder meinetwegen 80 Wochenenden, die es letztlich gewesen sind, auch als zahlender Gast im Stammschloss der Könige von Pasewalk verbringen können, begleitet von Leibkoch, Masseur, Mätresse und zahlreichen Domestiken, und hätte immer noch gespart.

Aber das ist eben kein so gutes Gefühl. Das mit den Wochenendhäusern tun die Menschen nur aus Triebgründen. Es gehört mir! Es ist meins! Mein Land, ich penetriere dich, wieder und wieder! Das steckt dahinter. Wer vernünftig ist, der lässt sein Vermögen auf dem Festgeldkonto. Wer aber seine Triebe nicht im Zaum halten kann, der kauft sich ein Wochenendhaus. Unseres steht in der Uckermark.

Über Zigaretten

In den New Yorker Bars haben sie das Rauchen verboten.

Einer weit verbreiteten politischen Theorie zufolge muss ein wirklich guter Politiker ein bisschen verkommen oder auf der Moralseite fragwürdig oder sogar korrupt sein. Weil: Tugendbolde sind potenzielle Faschisten. Nehmen Sie Danton und Robespierre. Robespierre war die Tugend selbst und ließ viele nette Leute guillotinieren. Danton war ein Hurenbock, folglich Humanist, weil er aus eigener Erfahrung Verständnis für die Schwächen anderer Menschen hatte. Auf einem anderen Level wiederholt sich das bei Bill Clinton und George W. Bush, oder Rezzo Schlauch und Christian Ströbele, oder Kennedy und Nixon, oder – ach, nehmen Sie, wen Sie wollen, es stimmt fast immer.

Nun kommt ein Wanderer des Weges und sagt: »Bei Franz Josef Strauß stimmt es aber nicht! Strauß als Kanzler, das wäre trotz seines hohen Alkoholkonsums und seiner moralischen Verkommenheit nicht gut gewesen! Und Hans Jochen Vogel würde niemals den Faschismus einführen, obwohl er kein einziges Loch in den Socken hat!« Da antworte ich: »Eine Theorie, die den moralischen Mehrwert des Unperfekten theoretisch begründet, die selber aber um Perfektion bemüht ist, wäre doch wohl ein Widerspruch in sich selbst. Lesen Sie Carl Schmitt.«

Aber wir wollten über den Faschismus reden.

Das Kind hat vor der Schule heimlich geraucht, gemeinsam mit einer Rotte gleichaltriger Gesinnungsgenossen. Das heißt, sie haben nicht wirklich geraucht, sondern aus Schulheftpapier Zigarettenattrappen gebastelt und so getan als ob. In diesem Moment kam aber zufällig ein echter Lehrer vorbei. Nun hat die Schule einen echten Brief geschickt, es gab einen echten Klassenbucheintrag und all das.

Im ersten Moment denkt man natürlich: »Der dicke Rösner aus unserer Klasse hat damals Hauptlehrer Hagenbutt Regenwürmer und Kellerasseln in seine Jackettaschen gesteckt, heute ist der Rösner Geheimer Kommerzienrat in Belgisch Gladbach, hat den Orden Pour la Petite, einen nubischen Kammerdiener und einen Rolls Royce Silver Shadow. Außerdem tun das alle Kinder. Ich habe heimlich geraucht, George W. Bush hat heimlich geraucht, Hagenbutt und Ströbele haben heimlich geraucht, *so what*.«

Aber seine sagenhaften Erfolge wären dem dicken Rösner natürlich niemals gelungen, wenn er nicht nach der Regenwurmsache einen Brief von der Schule und einen Riesenstress mit seinem Vater gekriegt hätte. Das hat quasi den Stahl in ihm gehärtet. Am Widerstand wächst man. Das sagt ja auch Carl Schmitt.

Also kriegt das Kind einen Riesenstress. Dabei bin ich gar nicht gegen das Rauchen. Ich finde, ein Zwölfjähriger, der, wenn seine Gefährten heimlich eine Zigarette rauchen, mit der Bemerkung: »Meine Eltern und Lehrer Hagenbutt haben es mir verboten« nach Hause geht, ein solcher Zwölfjähriger also gäbe viel eher Anlass zur Sorge, denn er befindet sich auf dem bestem Wege, besser gesagt Marschweg zum Faschisten. So denke ich, tief in mir drin, aber ich darf es meinem Kind nicht zeigen.

Im Grunde spielt jeder nur eine Rolle.

Sätze, die man früher mindestens einmal in der Woche gehört hat, die man aber heute nicht mehr sagt: »Im Grunde spielt jeder nur eine Rolle.« »Die Amerikaner sind freundlich und höflich, aber auch oberflächlich.« »Der Islam ist eine tolerantere Religion als das Christentum.«

In den New Yorker Bars haben sie das Rauchen verboten.

Das provokante Tagebuch des
SPIEGEL-Bestseller-Autors

Terroranschläge, Krisen, schwelende politische Konflikte:
Die Zeiten werden rauer, von allen Richtungen bläst uns
der Wind ins Gesicht. Da könnte es hilfreich sein, einen
Standpunkt zu haben. Doch haben wir einen, und wenn
ja, wie viele – oder spielen jetzt alle nur noch verrückt?
Vor diesem Hintergrund schrieb Henryk M. Broder im
letzten Jahr ein politisches Tagebuch, das heute bereits
visionär erscheint. Pointiert und satirisch scharfsichtig hilft
uns News-Junkie Broder dabei, im medialen Wahnsinn,
der täglich über uns hereinbricht, Haltung zu bewahren.

PENGUIN VERLAG

Der Bestsellerautor über seine erste große Liebe – das Kino

Harald Martenstein bringt endlich ein Buch über seine erste Liebe heraus: das Kino. Als Kritiker und Kulturreporter, aber auch als Humorist schreibt Martenstein seit seinen Anfängen immer wieder über Filme, Festivals und das Filmbusiness, über die großen Stars und ihre kleinen Missgeschicke. Seine tägliche Kolumne während der Berlinale genießt bei Lesern und Radiohörern Kultstatus.

Martensteins Texte über Filme haben auch für Leser, die nur hin und wieder ins Kino gehen, einen hohen Unterhaltungswert. Wie in seinen Kolumnen ist er auch als Kritiker und Beobachter einer eitlen Branche immer überraschend – mal absurd, satirisch oder brüllend komisch, dann wieder genau reflektierend. Immer sind dabei die Zuneigung und der Respekt spürbar, die er für seine Lieblingskunst empfindet.

Stille Nacht, Martensteins Nacht!

In seinen zwölf modernen Weihnachtsgeschichten definiert
Harald Martenstein den Begriff »Besinnlichkeit« neu. Da gibt
es den Weihnachtsmörder, der jedes Jahr am 24. Dezember
zuschlägt, mal als Lamettawürger, mal als Christbaumste-
cher, und damit nicht nur dem ermittelnden Ich-Erzähler
das Fest versaut. Da wird »Das Neue Testament« einfach mal
juristisch verstanden oder »Die Heilige Familie« radikal in
die Gegenwart katapultiert. Und wir verfolgen, wie sich ein
Weihnachtsmann als Stripper und erotischer Dienstleister
bei Betriebsfeiern durchschlägt. So schwarz haben sich
Weihnachtsgeschichten noch nie angehört. Trotz seines
Sarkasmus hat Martenstein aber kein Anti-Weihnachtsbuch
verfasst: Mit Hintersinn und überraschenden Pointen stellt
er vielmehr die alten Fragen neu – was heißt heute Familie,
wie können wir Frieden finden, wo wohnt die Liebe?